Armin A. Woy

BERLIN
im Winter

Die schönsten Ideen für die kalte Jahreszeit

BeBra Verlag

INHALT

INDOOR

KULTUR

AKTIV UND SPORTLICH

OUTDOOR

DEUTSCHEN KUNST MDCCCLX

KULTUR

Die beeindruckende Gemäldesammlung im Treppenhaus des Gründerzeitmuseums

MUSEEN

Berlin hat mehr Museen als Regentage! Um genau zu sein: Die Stadt hat 185 Museen, aber nur etwas mehr als 100 Regentage. Die meisten Regentage gibt es in den Monaten von November bis Januar. Da liegt es nahe, sich im Warmen und Trockenen aufzuhalten. Darum folgt hier eine Auswahl nicht so bekannter Museen der Stadt. Lassen Sie sich inspirieren!

ANTI-KRIEGS-MUSEUM

1925 wurde das wohl weltweit erste Anti-Kriegs-Museum von dem Schriftsteller und Pazifisten Ernst Friedrich eröffnet. 1933 von den Nationalsozialisten geplündert und geschlossen, wurde es drei Jahre später in Brüssel neu eröffnet, um 1940 erneut durch die nationalsozialistischen Besetzer zerstört zu werden. 1982 wurde es erneut eröffnet und befindet sich seit 1984 am heutigen Standort. Thematisiert werden die Schrecken der Weltkriege und aktuelle Kriegssituationen. Auch ein originalgetreu restaurierter Luftschutzbunker ist zu besichtigen.

ANTI-KRIEGS-MUSEUM E. V. • **Brüsseler Straße 21, 13353 Berlin-Wedding, Tel.: 030-454 901 10, www.anti-kriegs-museum.de**

BERLINER MEDIZINHISTORISCHES MUSEUM DER CHARITÉ

Das auf dem Gelände der Charité in Mitte liegende Museum ist aus der Pathologischen Sammlung des berühmten Berliner Arztes Rudolf Virchow hervorgegangen und bietet spannende, teils auch sehr skurrile Einblicke in die Geschichte der Medizin. Rund 750 Exponate, darunter pathologisch-anatomische Feucht- und Trockenpräparate, werden präsentiert. Die Dauerausstellung »Dem Leben auf der Spur« zeigt 300 Jahre Medizingeschichte und wird von Sonderausstellungen ergänzt.

BERLINER MEDIZINHISTORISCHES MUSEUM DER CHARITÉ • **Charitéplatz 1, 10117 Berlin-Mitte, Campusinterne Adresse auf dem Charité-Gelände: Virchowweg 17, Tel.: 030-450 536 156, www.bmm-charite.de**

BERLINER S-BAHN-MUSEUM

Das 1996 gegründete Museum besteht zurzeit als Pop-Up-Museum bzw. Projektraum im Ostbahnhof, bis das zukünftige Domizil im Bahnhof Lichtenberg nach umfangreichen Baumaßnahmen ab voraussichtlich 2027 zur Verfügung steht. Auf rund 150 Quadratmetern werden hier Teile der umfangreichen Sammlung und Wechselausstellungen zur Verkehrsgeschichte, Verkehrspolitik und zur Geschichte der S-Bahn gezeigt wie z. B. zum S-Bahn-Logo, zu Bahnhöfen oder auch »Mit der S-Bahn ins Grüne«.

BERLINER S-BAHN-MUSEUM • Projektraum im Ostbahnhof, 10243 Berlin-Friedrichshain, Tel.: 030-567 83 29, www.s-bahn-museum.de

Das imposante Museum der Charité präsentiert 300 Jahre Medizingeschichte.

Das Charlottenburger Bröhan-Museum zeigt Werke aus Jugendstil, Art déco und Funktionalismus.

BRÖHAN-MUSEUM

Dieses spannende thematische Museum zeigt Exponate vom Ende des 19. Jahrhunderts bis zum Beginn des Zweiten Weltkriegs. Die international ausgerichteten Bestände und Ausstellungen zeigen angewandte und bildende Kunst des Jugendstils als Wegbereiter der Moderne, des Art déco und des Funktionalismus. Zur Sammlung gehören ebenso Grafiken und Gemälde der Berliner Secession wie eine beachtliche und reichhaltige Porzellansammlung verschiedener nationaler und internationaler Manufakturen. In den Wechselausstellungen werden in Zusammenarbeit mit internationalen Einrichtungen Themen der Gestaltung und der Kunst seit 1950 bis zur Gegenwart präsentiert.

BRÖHAN-MUSEUM – Berliner Landesmuseum für Jugendstil, Art Deco und Funktionalismus • Schloßstraße 1a, 14059 Berlin-Charlottenburg, Tel.: 030-326 906 00, www.broehan-museum.de

BRÜCKE MUSEUM

Das Museum wurde von Kunstkritikern zum Museum des Jahres 2023 gewählt – und das zu Recht! Es zeigt die größte Sammlung von Werken der expressionistischen Künstlergruppe Brücke weltweit und steht im Dialog mit zeitgenössischen Kunstschaffenden. 1905 wurde die Künstlergruppe Brücke von den Architekturstudenten Ernst Ludwig Kirchner, Fritz Bleyl, Erich Heckel und Karl Schmidt-Rottluff in Dresden gegründet; bereits 1913 löste sie sich in Berlin wieder auf. Sie gilt heute als fester Bestandteil des Expressionismus und Wegbereiter der klassischen Moderne. Das seit 1967 in einem eigens zu diesem Zweck von Werner Düttmann entworfenen Bau untergebrachte Museum zeigt Gemälde, Zeichnungen, Grafiken und Plastiken der Gründungsmitglieder sowie von Kunstschaffenden wie Emil Nolde, Max Pechstein und Otto Mueller.

BRÜCKE MUSEUM • Bussardsteig 9, 14195 Berlin-Dahlem, Tel.: 030-839 008 60, www.bruecke-museum.de

BUCHSTABENMUSEUM

Das ungewöhnliche Buchstabenmuseum lädt zu einem Besuch der ganz eigenen Art ein. Durch den Strukturwandel der Wirtschaft mit Globalisierung und Standardisierung verschwinden individuell und hochwertig hergestellte Schriftzüge immer mehr aus dem Stadtbild. Das Museum bemüht sich, diese zu bewahren, und regt dazu an, sich mit Werbung, Handel und Stadtgeschichte, aber auch mit Sprache, Design, Typografie und Handwerk auseinanderzusetzen. Zu den einzelnen ausgestellten Exponaten (Schriftzüge, Logos, Buchstaben) – es befinden sich über 2000 weitere im Lager – werden die Entstehungsgeschichten recherchiert und so vergangene Epochen »buchstabengetreu« dokumentiert und in Bezug zu unserer Gegenwart gesetzt.

BUCHSTABENMUSEUM E. V. • (Zugang hinter der Bartningallee 9 oder durch die Unterführung der Flensburger Straße gegenüber der Claudiusstraße), Stadtbahnbogen 424, 10557 Berlin-Hansaviertel, Tel.: 0177-420 15 87, www.buchstabenmuseum.de

Im Buchstabenmuseum werden Erinnerungen an aus dem Stadtbild verschwundene Schriftzüge wach.

DEUTSCHES SPIONAGEMUSEUM BERLIN

Das einzige Spionagemuseum Deutschlands liegt an der ehemaligen Nahtstelle zwischen Ost- und West-Berlin, der Hauptstadt der Spione. Mit einem sehr modernen Ausstellungskonzept gibt es einen Einblick in die Welt des raffinierten, teilweise aber auch skurrilen »Kundschaftens« von den biblischen Zeiten bis zur Gegenwart. Multimedial und interaktiv lässt sich die Spionagewelt erkunden und hunderte Objekte sind zu entdecken (z. B. die Chiffriermaschine Enigma, Spionageausrüstungen in der Kleidung, Regenschirme mit Giftpfeilen). Es können selbst Rätsel gelöst, Geheimcodes dechiffriert und ein Laserparcours absolviert werden.

DEUTSCHES SPIONAGEMUSEUM • Leipziger Platz 9, 10117 Berlin-Mitte, Tel.: 030-398 200 451, www.deutsches-spionagemuseum.de

Das Deutschlandmuseum präsentiert Geschichte modern, abwechslungsreich und zum Mitmachen.

DEUTSCHLANDMUSEUM

2023 eröffnete das neue Deutschlandmuseum als 4D-Museum (hin und wieder gibt es auch etwas zu riechen) und wurde bereits mit dem begehrten »Museums-Oscar« sowie dem World Travel Award für die innovative Gestaltung ausgezeichnet. Hier besteht die Möglichkeit, eine Reise durch 2000 Jahre deutsche Geschichte in einer Mischung aus interaktivem Ausstellungskonzept und immersiver Inszenierung mit Gerüchen und Geräuschen zu unternehmen. Zwölf prägende Epochen werden im Zeitraum von 9 n. Chr. bis zum Sommermärchen 2006 mit interaktiven Medien, Spielen und Exponaten lebensgroß und vieldimensional präsentiert. Hier lässt sich Geschichte ohne Vorkenntnisse erleben! Für Kinder geeignet, allerdings können die Ausstellungsteile zum Ersten Weltkrieg und zur NS-Zeit etwas unheimlich sein.

DEUTSCHLANDMUSEUM • **Leipziger Platz 7, 10117 Berlin-Mitte, Tel.: 030-200 090 300, www.deutschlandmuseum.de**

FUTURIUM

In der Ausstellung des Futuriums geht es um die Frage, wie das Leben in der Zukunft wohl aussehen wird. Unterschiedliche Zukunftsentwürfe können entdeckt und diskutiert sowie im Futurium Lab auch ausprobiert werden. In dialogischen Veranstaltungen und Ausstellungen werden denkbare zukünftige Szenarien entwickelt und unter den Stichworten »Wissenschaft, Forschung und Entwicklung« präsentiert. Es geht um Natur, Mensch und Technik sowie Wissenschaft, Wirtschaft und Politik und vor allem um die Teilhabe der Bevölkerung, die sich aktiv mit einbringen soll. Viele Stationen laden dazu ein, zukünftige Entwicklungen selbst auszuprobieren.

FUTURIUM • Alexanderufer 2, 10117 Berlin-Mitte, Tel.: 030-408 189 777, www.futurium.de

Die abwechslungsreiche Ausstellung im Futurium lässt die Zukunft jetzt schon erfahrbar werden.

Das liebevoll von Charlotte von Mahlsdorf gestaltete Gründerzeitmuseum lässt mit seiner Gemütlichkeit jeden trüben Wintertag vergessen.

GRÜNDERZEITMUSEUM IM GUTSHAUS MAHLSDORF

Das Gründerzeitmuseum am östlichen Stadtrand Berlins beherbergt eine beeindruckende Sammlung an Einrichtungen und Gegenständen aus der Gründerzeit, sie gehört zu den größten Europas. Das um 1815 erbaute Gutshaus sollte Ende der 1950er Jahre abgerissen werden. Lothar Berfelde alias Charlotte von Mahlsdorf konnte das Gebäude retten, nutzte es als Wohnhaus und präsentierte hier ab 1960 ihre private Sammlung zur Gründerzeit. Seit 1997 betreibt der Förderverein das Museum. In 17 vollständig im Stil der Zeit von 1870 bis 1900 eingerichteten Ausstellungsräumen kann in die bürgerliche Wohnkultur der damaligen Zeit eingetaucht werden. Zum Museum gehören auch die Originaleinrichtung der ehemaligen Kneipe »Mulackritze« im sogenannten Scheunenviertel und eine Sammlung mechanischer Musikmaschinen. Neben der musealen Nutzung gibt es im Museum, das auch für zahlreiche Film- und Fernsehaufnahmen genutzt wird, verschiedene Veranstaltungen und die Möglichkeit zu heiraten.

FÖRDERVEREIN GUTSHAUS MAHLSDORF E. V. • Hultschiner Damm 333, 12623 Berlin-Mahlsdorf, Tel.: 030-567 83 29, www.gruenderzeitmuseum-mahlsdorf.de

MUSEUM DER UNERHÖRTEN DINGE

Ein Museum der etwas anderen Art ist das Museum der Unerhörten Dinge. Hier zeigt der Künstler und Fotograf Roland Albrecht seit mehr als 20 Jahren auf nur 20 Quadratmetern allerlei kuriose Objekte und Raritäten. Der Besuch ist eine Reise in das Land der Fantasie, denn den Exponaten werden echte oder auch erfundene Geschichten zugeordnet und somit Realität und Fiktion miteinander verwoben. Es wird offenbar, dass auch die kleinen Dinge es wert sind, Beachtung zu finden, und unscheinbare Dinge eine spannende Geschichte bergen können.

MUSEUM DER UNERHÖRTEN DINGE • Crellestraße 5/6, 10827 Berlin-Schönberg, Tel.: 0175-410 91 20, www.museumderunerhoertendinge.de

U-BAHN-MUSEUM

Das Museum wurde als eines von drei europäischen U-Bahn-Museen 1997 in den Räumen des ehemaligen elektromechanischen Stellwerks Olympia-Stadion eröffnet, das von 1931 bis 1983 als größtes in Europa in Betrieb war. Über 350 unterschiedliche Exponate (u. a. auch historische Dienstkleidungen, Fahrscheinautomaten, Uhrenstationen, Zugfunkgeräte, Diagnosecomputer und ein Signalblock) zeigen mehr als 110 Jahre U-Bahn-Geschichte Berlins und deren Verbindung mit der Technik-, Verkehrs- und Kulturgeschichte der Stadt. Die noch funktionsfähigen technischen Geräte laden in digitalen Zeiten zum Staunen ein.

U-BAHN-MUSEUM • Empfangshalle U-Bahnhof Olympiastadion, Rossiter Platz 1, 14053 Berlin-Westend, Tel.: 030-256 271 71, www.ag-berliner-u-bahn.de

URBAN NATION MUSEUM FOR URBAN CONTEMPORARY ART

Das 2017 eröffnete Museum ist das erste Streetart-Museum in Berlin. Es vermittelt in einem der Straßenszene nachempfundenen Ausstellungsraum die Entstehungsgeschichte dieser Kunstrichtung und zeigt mit über 100 Exponaten, wie Berlin durch urbane Kunst geprägt wird. Gezeigt wird die vergängliche und flüchtige Kunst der Straße, wobei das Museum die »Graffiti-Hauptstadt« Deutschlands mit der Nachbarschaft, verschiedenen Generationen und auch international vernetzt. Dem Ausstellungsgegenstand gerecht werdend wird auch die Fassade des gesamten Gebäudes in regelmäßigen Abständen umgestaltet. Neben dem Museum befindet sich in dem durch das renommierte Architekturbüro GRAFT umgestalteten Gebäude die Martha Cooper Library zu Urban Arts, Streetart und Graffiti.

URBAN NATION MUSEUM FOR URBAN CONTEMPORARY ART • Bülowstraße 7, 10783 Berlin-Schöneberg, www.urban-nation.com/de

Das Museum der unerhörten Dinge zeigt Kuriositäten, die es sonst in keine Ausstellung schaffen.

R. RICKMERS

BALLETT, THEATER UND KONZERTE

Winterzeit ist Theater- und Konzertzeit. Insbesondere in den Adventswochen konzentrieren sich die Opern- und Konzerthäuser auf die klassisch-schönen Stücke.

DER NUSSKNACKER

Das Ballett »Der Nussknacker« ist ein Klassiker in der Winterzeit. Es geht zurück auf das Märchen »Nußknacker und Mäusekönig« von E. T. A. Hoffmann aus dem Jahr 1816. Pjotr Iljitsch Tschaikowsky machte daraus ein Märchenballett, das 1892 in St. Petersburg uraufgeführt wurde. Jedes Jahr gibt es verschiedene Aufführungen.

DEUTSCHE OPER BERLIN • Bismarckstraße 35, 10627 Berlin-Charlottenburg, www.deutscheoperberlin.de

THEATER AM POTSDAMER PLATZ • Marlene-Dietrich-Platz 1, 10785 Berlin-Tiergarten, www.tapp.de

Unverzichtbar in der Vorweihnachtszeit: »Der Nussknacker«

KONZERT ZUM CHINESISCHEN NEUJAHRSFEST

Einer der wichtigsten traditionellen Feiertage in China ist Neujahr. Der chinesische Neujahrstag wird nach dem traditionellen Lunisolarkalender berechnet und fällt auf einen Neumond zwischen dem 21. Januar und dem 21. Februar. Seit einigen Jahren gibt es zu diesem Feiertag ein Konzert eines renommierten chinesischen Orchesters in der Philharmonie.

BERLINER PHILHARMONIE • Herbert-von-Karajan-Straße 1, 10785 Berlin-Tiergarten, Tel.: 030-254 880, www.berliner-philharmoniker.de

KONZERTE IN DER AUENKIRCHE WILMERSDORF

Die Auenkirche in Wilmersdorf ist eine Konzertkirche. Es treten Orchester, Musikgruppen oder Solisten auf. Der Bogen reicht von Gospel über Akkordeon, Blasinstrumenten und jungen Musizierenden bis zum Symphonieorchester. Zudem singt die eigene Kantorei und es finden Orgelkonzerte statt.

EVANGELISCHE AUENKIRCHE BERLIN • Wilhelmsaue 119, 10715 Berlin-Wilmersdorf, Tel.: 030-405 045 340, www.auenkirche.de

KONZERTE IM PLANETARIUM

Unter dem Motto »Klänge unterm Sternenhimmel« verwandelt sich das Planetarium zeitweilig in einen Konzertsaal. Über das Jahr verteilt finden immer wieder musikalische Veranstaltungen unter dem beeindruckenden kosmischen Gewölbe des Planetariums statt. Das Genre reicht von klassischer Musik über Cosmic Rock und Movie Melodies bis hin zu Jazz und Chillout. Auch Hörspiele für Kinder und Erwachsene sind hier neben dem regulären Programm des Planetariums in beeindruckender Atmosphäre zu hören.

ZEISS-GROSSPLANETARIUM • Prenzlauer Allee 80, 10405 Berlin-Prenzlauer Berg, Tel.: 030-421 845 10, www.planetarium.berlin

In der Auenkirche Wilmersdorf finden stilvolle Klassik-Konzerte statt.

WEIHNACHTSORATORIUM VON BACH

Das Weihnachtsoratorium von Johann Sebastian Bach (BWV 248) wurde erstmals zwischen Weihnachten 1734 und dem Epiphaniasfest 1735 in sechs Gottesdiensten, verbunden durch die Freude über Christi Geburt, in der Nikolai- und Thomaskirche in Leipzig aufgeführt. Von Bachs geistlichen Vokalwerken ist es das berühmteste. Das sechsteilige Werk wird in der Regel in der Advents- und Weihnachtszeit dargeboten.

BERLINER DOM • Am Lustgarten, 10178 Berlin-Mitte, www.berlinerdom.de

STAATSOPER BERLIN • Unter den Linden 7, 10117 Berlin-Mitte, www.staatsoper-berlin.de

PHILHARMONIE BERLIN • Herbert-von Karajan-Straße 1, 10785 Berlin-Tiergarten, www.berliner-philharmoniker.de

ST. MARIENKIRCHE • Karl-Liebknecht-Straße 8, 10178 Berlin-Mitte, www.marienkirche-berlin.de

KAISER-WILHELM-GEDÄCHTNISKIRCHE • Breitscheidplatz, 10789 Berlin-Charlottenburg, www.gedaechtniskirche-berlin.de

KOMISCHE OPER • wegen Sanierung derzeit im Schillertheater, Bismarckstraße 110, 10625 Berlin-Charlottenburg, www.komische-oper-berlin.de

Der Berliner Dom ist zur Weihnachtszeit festlich geschmückt.

WEIHNACHTSKONZERTE

In Berlin finden an verschiedenen Orten sehr unterschiedliche Weihnachtskonzerte statt. Von klassisch-festlicher Advents- und Weihnachtsmusik mit Chor und Blechbläserensemble über Kinderkonzerte bis hin zu poppig-jazziger Musik. Hier eine Auswahl an Orten:

KONZERTHAUS BERLIN • Gendarmenmarkt 2, 10117 Berlin-Mitte, www.konzerthaus.de

PHILHARMONIE BERLIN • Herbert-von Karajan-Straße 1, 10785 Berlin-Tiergarten, www.berliner-philharmoniker.de

BERLINER DOM • Am Lustgarten, 10178 Berlin-Mitte, www.berlinerdom.de

KAISER-WILHELM-GEDÄCHTNISKIRCHE • Breitscheidplatz, 10789 Berlin-Charlottenburg, www.gedaechtniskirche-berlin.de

STAATSOPER UNTER DEN LINDEN • Unter den Linden 7, 10117 Berlin-Mitte, www.staatsoper-berlin.de

ZITADELLE SPANDAU • Am Juliusturm 64, 13599 Berlin-Spandau, www.zitadelle-berlin.de

KOMISCHE OPER • wegen Sanierung derzeit im Schillertheater, Bismarckstraße 110, 10625 Berlin-Charlottenburg, www.komische-oper-berlin.de

ST. MARIENKIRCHE • Karl-Liebknecht-Straße 8, 10178 Berlin-Mitte, www.marienkirche-berlin.de

OPERETTENBÜHNE IM FRANZÖSISCHEN DOM • Gendarmenmarkt 7, 10117 Berlin-Mitte, www.franzoesischer-dom.berlin

WINTERKONZERT DER UNIVERSITÄT DER KÜNSTE

Die immer im Februar stattfindenden kostenlosen Winterkonzerte der UdK sind Semesterabschlusskonzerte. Das Universitätsinterne Label »betont« präsentiert seit 2011 hierbei besondere Musik-Produktionen, die in der Universität entstanden sind. Dadurch erhalten Projekte und Studierende die Möglichkeit eines professionellen Öffentlichkeitsauftritts.

KONZERTSAAL HARDENBERGSTRASSE DER UDK BERLIN •
Hardenbergstraße/Ecke Fasanenstraße, 10623 Berlin-Charlottenburg, Tel.: 030-318 514 80, www.udk-berlin.de/universitaet/mediathek/konzerte/winterkonzerte

WINTERZAUBER THEATERFESTIVAL FÜR KINDER

Im November und Dezember findet in Lübars das Kindertheaterfestival »Winterzauber« statt. Gezeigt werden klassische Märchen in zeitgemäßer Interpretation, aufregende Abenteuer, berührende Geschichten und besondere bzw. außergewöhnliche visuelle Darbietungen. Die Stücke richten sich an Kinder zwischen zwei und elf Jahren.

LABSAAL • Alt-Lübars 8, 13469 Berlin-Lübars, Tel.: 030-411 075 75, www.labsaal.de
Veranstalter: Bühnenfüchse Reinickendorf, www.buehnenfuechse-reinickendorf.de

Das Theaterfestival »Winterzauber« entführt Kinder und Erwachsene in eine magische Märchenwelt.

Das Jahr kann man ganz wunderbar mit einem Konzert ausklingen ...

SILVESTER-KONZERTE

Silvester-Orgelkonzert

SOPHIENKIRCHE • Große Hamburger Straße 29/30, 10115 Berlin-Mitte, www.elisabeth.berlin/de/kulturorte/sophienkirche

Feuerwerk für Orgel

EVANGELISCHE KIRCHENGEMEINDE FROHNAU • Zeltlinger Platz 18, 13465 Berlin-Frohnau, www.ekg-frohnau.de

Silvesterkonzert des Deutschen Symphonie-Orchesters mit dem Circus Roncalli

TEMPODROM • Möckernstraße 10, 10963 Berlin-Kreuzberg, www.dso-berlin.de/de/konzerte/formate/silvester-neujahr

Silvesterkonzert der Berliner Symphoniker

PHILHARMONIE BERLIN • Herbert-von Karajan-Straße 1, 10785 Berlin-Tiergarten, www.berliner-symphoniker.de

Silvesterkonzert der Staatskapelle Berlin 1570

STAATSOPER BERLIN • Unter den Linden 7, 10117 Berlin-Mitte, www.staatsoper-berlin.de

Silvesterkonzert im Ernst-Reuter-Saal

ERNST-REUTER-SAAL IM RATHAUS REINICKENDORF • Eichborndamm 215, 13437 Berlin-Reinickendorf, www.reinickendorf-classics.de

... oder beginnen lassen.

NEUJAHRS-KONZERTE

KONZERTHAUS BERLIN • Gendarmenmarkt 2, 10117 Berlin-Mitte, www.konzerthaus.de

PHILHARMONIE BERLIN • Herbert-von-Karajan-Straße 1, 10785 Berlin-Tiergarten, www.berliner-philharmoniker.de

STAATSOPER BERLIN • Unter den Linden 7, 10117 Berlin-Mitte, www.staatsoper-berlin.de

KOMISCHE OPER • wegen Sanierung derzeit im Schillertheater, Bismarckstraße 110, 10625 Berlin-Charlottenburg, www.komische-oper-berlin.de

Neujahrskonzert des Deutschen Symphonie-Orchesters mit dem Circus Roncalli
TEMPODROM • Möckernstraße 10, 10963 Berlin-Kreuzberg, www.dso-berlin.de/de/konzerte/formate/silvester-neujahr

LEO-BORCHARD-MUSIKSCHULE • Martin-Buber-Straße 21, 14163 Berlin-Zehlendorf, www.berlin.de/musikschule-steglitz-zehlendorf

OPERETTENBÜHNE IM FRANZÖSISCHEN DOM • Gendarmenmarkt 7, 10117 Berlin-Mitte, www.franzoesischer-dom.berlin

KINOS

In Berlin gibt es rund 70 Kinos mit mehr als 250 Kinosälen und jährlich mehr als sechs Millionen verkauften Tickets. Hier wird eine kleine Auswahl an Kinos vorgestellt, die auf die eine oder andere Art besonders sind.

ASTOR FILMLOUNGE

Die Astor Filmlounge bietet Filmgenuss mit Service am Platz in luxuriösem Ambiente. Das traditionsreiche Kino besitzt einen denkmalgeschützten Kinosaal, der in seiner Gestaltung mit muschelförmiger Decke und gerafftem Vorhang an die große Zeit der Filmtheater erinnert. Die heutige Bestuhlung mit 233 verstellbaren Ledersesseln bietet viel Beinfreiheit. Neben dem aktuellen Kinoprogramm stehen immer wieder auch Filmklassiker und die Übertragung von klassischen Konzerten aus dem Royal Opera House in London auf dem Programm.

ASTOR FILM LOUNGE BERLIN • **Kurfürstendamm 225, 10719 Berlin-Charlottenburg, Tel.: 030-883 85 51, www.berlin.astor-filmlounge.de**

BABYLON

Das 1929 eröffnete Kino ist das letzte erhaltene Filmtheater aus der Stummfilmzeit. 1948 wurde es umgebaut, wiedereröffnet und in der DDR als Spartenkino genutzt. Nachdem der große Saal wegen Einsturzgefahr der Decke geschlossen werden musste, erfolgte die Restaurierung des Foyers im Stil der 1920er Jahre und des Saals im Stil der 1948 erfolgten Wiederherstellung. Seit seiner Wiedereröffnung im Jahr 2001 ist ein thematischer Schwerpunkt die Aufführung von Stummfilmen mit der einzigen noch am Originalort betriebenen Kinoorgel.

BABYLON • **Rosa-Luxemburg-Straße 30, 10178 Berlin-Mitte, Tel.: 030-242 59 69, www.babylonberlin.eu**

Das traditionsreiche Kino »Delphi« ist im Winter für Kino-Liebhaber unverzichtbar.

DELPHI FILMPALAST AM ZOO

Das ursprünglich als Tanzpalast von Bernhard Sehring entworfene Gebäude wurde 1949 als damals modernstes Kino wiederhergestellt. 1952 fand hier die 2. Berlinale statt und 1981 das 1. Forum des Jungen Films der Berlinale. Das mit moderner Technik ausgestattete Filmtheater ist mit 670 Plätzen das größte Programmkino in Deutschland und eines der wenigen Kinos, in dem noch klassische 70-Millimeter-Filme gezeigt werden können. Das Flair des Tanzpalastes aus den 1920er Jahren lebt in der heutigen Innenausstattung u. a. durch die Wandgestaltung mit rotgerafftem Stoff, auf dem die punktuelle Beleuchtung appliziert ist, und durch die Lichtkrone an der Saaldecke fort. Das zur Yorck Kinogruppe gehörende, aber eigenständig betriebene Haus zeigt neben dem üblichen Programm auch Premieren und Specials, bei denen die Filmschaffenden und Schauspielenden anwesend sind und für Gespräche bereitstehen.

DELPHI FILMPALAST AM ZOO • Kantstraße 12a, 10623 Berlin-Charlottenburg, Tel.: 030-312 10 26, www.yorck.de/kinos/delphi-filmpalast

EVA LICHTSPIELE

Schon 1913 wurde das Kino als Roland Lichtspiele eröffnet und 1921 nach der Frau des damaligen Besitzers in Eva Lichtspiele umbenannt. In den 1920er Jahren wurden die Stummfilme musikalisch begleitet. Ein großer Umbau fand 1957 statt, dessen Spuren auch heute noch zum Teil zu sehen sind, wie z. B. die Fassade des Kinos mit der schwungvollen Darstellung des Kinonamens in Leuchtschrift. Hier gibt es zwei spezielle Kinoreihen: An jedem letzten Sonntag im Monat läuft neben dem üblichen Kinoprogramm um 11 Uhr ein Film aus der »Kult-Krimi-Reihe« in schwarz-weiß und jeweils mittwochs um 15:45 Uhr ein Film der Reihe »Der alte deutsche Film«; während der Vorführung werden Kaffee und Kuchen angeboten.

EVA LICHTSPIELE • Blissestraße 18, 10713 Berlin-Wilmersdorf, Tel.: 030-922 553 05, www.eva-lichtspiele.de

Die Eva-Lichtspiele mit ihren Filmreihen sind nicht nur für Stammgäste ein toller Ort zum Filmeschauen.

FILMRAUSCHPALAST

Das Kino befindet sich in einem Gebäude, das von 1911 bis 1973 als Fleischerei und Keksfabrik genutzt wurde, und ist seit 1991 in dem zu jener Zeit besetzten Gebäude zu Hause. Das einzige Kino Moabits, das durch sein industrielles Design mit weiß gefliesten Wänden und rot-weißen Industriefußbodenfliesen besticht, bietet seit den 1990er Jahren einen durchgehenden Spielbetrieb, der ausschließlich von Ehrenamtlichen getragen wird. Eine Mischung aus Liebe und Leidenschaft zum Film, gepaart mit Engagement, macht dieses Kino zu einem außergewöhnlichen Ort. Hier werden anspruchsvolle, teils abseitige und die Sehgewohnheiten herausfordernde Genrefilme gezeigt, aber auch spaßige wie derbe Filme aus den Tiefen der Filmgeschichte gehoben. Gezeigt werden außerdem besondere Filme im 16-, 35- und 70-Millimeter-Format. Ein eigenes Event, das hier entwickelt wurde, ist »Gamerausch«, bei dem das Publikum gemeinsam im dunklen Saal Videospiele spielt und dieses Erlebnis zelebriert.

FILMRAUSCHPALAST • Kulturfabrik Moabit, Hinterhaus, 1. OG., Lehrter Straße 35, 10557 Berlin-Moabit, Tel.: 030-394 43 44, www.filmrausch.de

KINO INTIMES

Das Programmkino ist eines der ältesten Kinos in Berlin und hat zwei intime Säle mit 71 und 33 Sitzplätzen. Bereits 1909 begann hier die Kinogeschichte unter dem Namen »Lichtspiele des Ostens«. Nach einer Pause zwischen 2019 und 2021, in der das Kino saniert wurde, präsentieren sich die Räume jetzt im neuen Gewand und mit modernerer Technik. In der angeschlossenen Kneipe gibt es Hausbier aus der eigenen Brauerei. Gezeigt werden in dem Programmkino sehenswerte Produktionen aus Deutschland und internationale Filme in Originalversion mit Untertiteln.

KINO INTIMES • Boxhagener Straße 107 (Eingang über Niederbarnimstraße), 10245 Berlin-Friedrichshain, Tel.: 030-325 925 92, www.kino-intimes.de

Wie der Name schon sagt: Ein Besuch im Kino Intimes ist gemütlich und schön.

MOVIEMENTO

Schon 1907 begann hier im Wohnhaus in der ersten Etage der Kinobetrieb des Herrn Topp. Es ist damit eines der ältesten Kinos in Berlin und nach eigener Werbung sogar das älteste Deutschlands. Der Legende nach soll aus dem Namen des Betreibers der Begriff »Kintopp« für Kinos entstanden sein. Das Haus mit seiner bewegten Geschichte war in den 1970er Jahren für seine legendären Aufführungen der Rocky-Horror-Picture-Show bekannt, unter der das Kino allerdings auch baulich gelitten hat, da das Publikum mit Reis und Mehl warf und auch Wasser verspritzte. Heute hat das Haus drei Säle. Am Ende jedes Monats werden unter dem Motto »Kinoberlino – Open Screening« selbstgemachte Kurzfilme gezeigt und von den Filmschaffenden persönlich vorgestellt.

MOVIEMENTO • Kottbusser Damm 22, 10967 Berlin-Kreuzberg,
Tel.: 030-692 47 85, www.moviemento.de

Von innen erwartet das Kino Odeon seine Besucher im Ambiente der Fünfzigerjahre mit vielen Filmen auf Englisch.

ODEON

Das Odeon ist seit 1985 die erste Adresse für all jene, die Filme in englischer Originalversion (mit Untertiteln) sehen wollen. Als Filmbühne Sylvia 1950 eröffnet, wurde es 1982 von der Yorck Kinogruppe übernommen und 1985 umbenannt. Seitdem prägt ein grüner Neonschriftzug als Markenzeichen das Gebäude über dem Eingangsbereich. Im Foyer gibt es eine liebevoll gepflegte Pinnwand, auf der monatlich die Geburtstage von Filmstars aus aller Welt genannt werden. Zu sehen sind im Odeon aktuelle Filme aus verschiedenen Genres, darunter Science-Fiction, Biografie und Historienfilm.

ODEON • Hauptstraße 116, 10827 Berlin-Schönberg,
Tel.: 030-787 040 19, www.yorck.de/kinos/odeon

SINEMA TRANSTOPIA

Das Sinema Transtopia bezeichnet sich selbst als transnationaler Raum für Film, Kunst und Wissen und will als kulturelle Praxis eine Brücke schlagen zwischen Stadtraum und Film. Es versteht sich als Ort der gesellschaftlichen Öffentlichkeit, des Austausches und der Solidarität, der sowohl lokal als auch international arbeitet. Hier werden Filme außerhalb des üblichen Mainstream-Kanons gezeigt wie BIPOC-Arthouse-Filme, Filme zum Thema Postkolonialismus und zur Geschichte der Einwanderung in verschiedenen Ländern.

SINEMA TRANSTOPIA • Lindower Straße 20/22, Haus C, 13347 Berlin-Wedding, www.sinematranstopia.com

UNION FILMTHEATER

Das Kino ging aus einem historischen Ballsaal hervor und blickt auf eine bewegte Geschichte zurück, in die kurzzeitig auch der TV-Entertainer Wolfgang Lippert involviert war. Im Jahr 2003 startete der filmaffine Architekt Matthias Stütz den Kinobetrieb neu. Neben dem klassischen Kinobetrieb – auch Filme im Original mit Untertiteln – gibt es viele andere Veranstaltungen wie Lesungen, Poetry Slams, Tanzveranstaltungen und die Live-Übertragung von klassischen Konzerten. 2016 wurde das Kino nach einem großen Umbau wiedereröffnet und nutzt nun drei Säle multifunktional. Hervorzuheben ist der große Abstand zwischen den Stuhlreihen, der eine herausragende Beinfreiheit bietet. Mittwoch ist ab 10 Uhr Seniorentag inklusive Kaffee und Kuchen/Gebäck zum günstigen Preis. Zudem gibt es als Besonderheit die Rubrik »Wunschfilm«. Per Kontaktformular können Filme gewünscht werden, die, soweit erhältlich, dann auch gezeigt werden.

UNION FILMTHEATER • Bölschestraße 69, 12587 Berlin-Friedrichshagen, Tel.: 030-650 131 41, www.kino-union.de

FILMFESTIVALS

Berlin ist weltbekannt für die im Februar stattfindende Berlinale, das zehntägige Internationale Filmfestival. Darüber hinaus gibt es eine ganze Reihe weiterer ausgefallener Filmfestivals, von denen zwei weniger bekannte, aber unbedingt erlebenswerte ebenfalls in den Wintermonaten stattfinden.

BERLINALE

Die Internationalen Filmfestspiele Berlin finden seit 1951, jetzt traditionell Mitte Februar, statt und gehören zu den wichtigsten Filmfestivals. Das besondere an der Berlinale ist, dass es ein Publikumsfestival ist. Fast 500 000 Menschen besuchen die mehr als 400 Filme jährlich, die in verschiedenen Sektionen gezeigt werden. Der besondere Charakter der Berlinale besteht auch darin, dass oft die Filmemachenden und Schauspielenden nach der Aufführung dem Publikum für Diskussionen zur Verfügung stehen. Im grauen Winteralltag kann man hier in verschiedene Kulturen und Landschaften der Welt eintauchen.

BERLINALE • Internationale Filmfestspiele Berlin, Potsdamer Platz 11, 10785 Berlin, Tel.: 030-259 200, www.berlinale.de

FILMFEST FRAUENWELTEN

Jährlich findet Ende Oktober das Filmfest FrauenWelten statt, bei dem die Menschenrechtssituation von Frauen weltweit thematisiert und auf Missstände hingewiesen wird, Mädchen und Frauen durch besondere Filme, welche die Welt aus der Perspektive einer Frau betrachten, gestärkt werden und das gesellschaftliche Engagement für Frauenrechte unterstützt wird. Bei dem von »Terre des Femmes« organisierten Festival gibt es neben kuratierten Filmen ein Rahmenprogramm mit szenischen Lesungen, Stadtführungen und Gesprächsrunden mit Filmschaffenden.

KINO IN DER KULTURBRAUEREI • Schönhauser Allee 36, 10435 Berlin-Prenzlauer Berg, Tel.: 030-405 046 990, www.filmfest-frauenwelten.de

Jedes Jahr im Februar wird Berlin zur Filmhauptstadt.

INTERFILM – INTERNATIONALES KURZFILMFESTIVAL

Jährlich findet seit 1982 im November das Internationale Kurzfilmfestival statt. Es ist damit das älteste und auch das größte seiner Art in Deutschland. Rund 300 Kurzfilme aus aller Welt werden in mehr als 50 Programmen, Workshops und Events präsentiert. Ziel des Festivals ist es, aktuellen politischen und gesellschaftlichen Themen Raum zu geben. Das inzwischen auch international anerkannte Festival steht sowohl Neulingen als auch erfahrenen Kurzfilmschaffenden offen. Als eigenständiges Unterfestival gibt es seit 2008 das KUKI – Junges Kurzfilmfestival für ein Publikum zwischen vier und 19 Jahren.

VERSCHIEDENE KINOS

Veranstalter: interfilm Berlin, Haus F, Straßburger Straße 55, 10405 Berlin-Prenzlauer Berg, Tel.: 030-252 913 20, www.interfilm.de

STABI KULTURWERK

Im Kulturwerk der Staatsbibliothek werden seit 2022 alte Handschriften, wertvolle Bücher, originale Notenblätter, Manuskripte und Karten ausgestellt. Unter anderem ist hier auch eine Gutenberg-Bibel von 1455 zu sehen. Rund 300 Exponate erzählen hier ihre spannenden Geschichten, aber auch die Geschichte der Staatsbibliothek selbst. Da jedes Quartal die wertvollsten Stücke ausgewechselt werden, gibt es immer wieder Neues zu entdecken.

STAATSBIBLIOTHEK ZU BERLIN • Unter den Linden 8, 10117 Berlin-Mitte, Tel.: 030-26 60, www.stabi-kulturwerk.de

Das Stabi Kulturwerk lädt ein zu einem atmosphärischen Eintauchen in die bibliophile Welt.

Die Museumswohnung WBS 70 ist eine original im Stil der 1980er Jahre eingerichtete DDR-Wohnung.

MUSEUMSWOHNUNG WBS 70

Ein besonderes Erlebnis ist die Zeitreise in eine Wohnung in einem »Plattenbau« in Berlin-Hellersdorf. Eine 61 Quadratmeter große Drei-Raum-Wohnung der Wohnungsbauserie 70 (WBS 70), die in einem 1986 fertiggestellten Haus des VEB Wohnungskombinat Cottbus entstand, wurde bei Sanierungsmaßnahmen vor rund 20 Jahren in ihren Ursprungszustand versetzt. Hier finden sich mit Leimfarben-Tapeten versehene Wände und Decken, Zimmertüren aus Pappe mit Holzrahmen, ein Teppich aus der Mongolischen Volksrepublik, ein FORON-Elektroherd und ein RFT-Staßfurt-Fernseher. Originales Geschirr, Bad- und Küchenutensilien und auch Kunst tragen zum authentischen Bild bei.

MUSEUMSWOHNUNG WBS 70 • Hellersdorfer Straße 179, 12627 Berlin-Hellersdorf, Tel.: 0151-161 144 47, www.stadtundland.de/Unternehmen/Museumswohnung.php

ATTRAKTIONEN

DEJA VU MUSEUM

Eine Welt von optischen Täuschungen durch Plasmakugeln, Spiegelkabinette und Kaleidoskope bietet das DeJa Vu Museum. Hier besteht die Möglichkeit, in eigens gestalteten Räumen einen bodenlosen Abgrund zu erkunden, einen Ausflug in die Mitte des Weltalls zu unternehmen, ein endloses Gewitter zu erleben u. v. m. Außerdem gibt es Räume, in denen die eigenen Bewegungen selbst zu einem optischen Schauspiel auf der Leinwand werden. Aus Sand lässt sich eine topographische Landkarte gestalten und eine Palette künstlerischer Werke rund um das Thema optische Täuschungen runden die Ausstellung ab. Und natürlich bietet dieses Museum zahlreiche Gelegenheiten für außergewöhnliche Fotos.

DEJA VU MUSEUM • Rochstraße 14c, 10178 Berlin-Mitte,
Tel.: 0172-927 29 74, www.dejavumuseum.de

GAMESTATE

Das Gamestate ist eine Spielehalle (keine Glücks-Spielhalle!) im Retro-Design. Hier werden auf über 7000 Quadratmetern verschiedene Spiele wie Air-Hockey, 3D-Mario-Kart und Riesen-Pac-Man (über 70 Stück) angeboten. Darüber hinaus laden ein Surfgame mit Balance-Board, ein Zombie Snatcher, eine Tanz Arcade, Basketballwerfen, Artari-Pong mit 3D-Schaumstoffpixeln und ein VR-Brillen-Spiel namens King Kong zu kurzweiliger Unterhaltung ein. Der Eintritt ist frei. Um spielen zu können, ist der Erwerb einer Playcard notwendig mit der die einzelnen Spiele bedient werden können. Dabei besteht die Möglichkeit, Tickets zu erspielen, die anschließend in Preise umgetauscht werden.

GAMESTATE, THE PLAYCE • 1. OG, Alte Postdamer Straße 7, 10785 Berlin-Tiergarten,
Tel.: 032-212 243 910, www.gamestate.com/pages/berlin

Im DeJa Vu Museum ist jeder Raum einer eigenen optischen Illusion gewidmet.

ILLUSEUM

Im Illuseum geht es auf eine Entdeckungsreise durch die Welt der Illusionen. Hier gibt es Fun Facts, verblüffende Hologramme, kreative Kunstwerke und viele Möglichkeiten für nicht alltägliche Fotos, bei denen man u. a. von der Decke hängt oder seinen eigenen Kopf auf einem Teller wiederfindet. Aufgrund der optischen Täuschungen geht manchmal der Realitätssinn verloren: Zum Beispiel wird im Ames-Raum Großes plötzlich ganz klein oder im Vortex-Tunnel (Wirbel-Tunnel) verabschiedet sich plötzlich der Gleichgewichtssinn. Interaktive Elemente und 3D-Puzzles sowie Rätsel bieten Möglichkeiten, sich auszuprobieren.

ILLUSEUM • Karl-Liebknecht-Straße 9, 10178 Berlin-Mitte,
Tel.: 030-257 841 17, www.illuseum-berlin.de

Das Illuseum am Alexanderplatz versetzt mit seinen optischen Täuschungen alle Interessierten ins Staunen.

LEGOLAND® DISCOVERY CENTRE

Für Fans der kleinen Steine ist dies ein besonderer Indoor-»Spielplatz«, denn hier warten rund fünf Millionen Steine und 15 Attraktionen. Hierzu gehören u. a. die Drachenbahn, ein Dinosaurier-Spielbereich, die Rennstrecke für Lego-Autos, das 4D-Kino und der Spielbereich NINJAGO City Adventure. Für die kleinsten Gäste gibt es einen DUPLO-Bauernhof und im MINILAND werden Berliner Wahrzeichen aus mehr als 2,5 Millionen Steinen präsentiert. Ein besonderes Erlebnis ist das magische Karussell für Merlins Zauberschüler. Genauso spannend ist die Lego Fabrik, bei der zugeschaut werden kann, wie ein Stein entsteht. Der Zutritt ist Erwachsenen nur in Begleitung eines Kindes gestattet. Dafür finden für die großen Lego-Fans jedoch einmal im Monat Fan-Abende statt, bei denen man natürlich auch mit der Drachenbahn fahren und ins Kino gehen kann. Darüber hinaus gibt es jedoch auch noch ein speziell für Erwachsene konzipiertes Programm.

LEGOLAND® DISCOVERY CENTRE • Potsdamer Straße 4, 10785 Berlin-Tiergarten, Tel.: 030-301 04 00, www.legolanddiscoverycentre.com/berlin

PARADOX MUSEUM

Im Paradox Museum werden die Welt der Wissenschaft, der Kunst und die menschliche Wahrnehmungsfähigkeit miteinander verknüpft und zu einem innovativen Erlebnis. Das Museum verbindet verblüffende und atemberaubende Erfahrungen durch über 50 von Paradoxen inspirierte Exponate und klärt über die Natur der spannenden Paradoxien auf. Verwirrende Bilder und Installationen, darunter auch interaktive, täuschen Augen und Gehirn und lassen staunen. Spektakuläre Fotos und eine Menge Spaß sind garantiert.

PARADOX MUSEUM • Bikini-Berlin, 1. OG, Budapester Straße 44, 10787 Berlin-Charlottenburg, www.paradoxmuseumberlin.com

Legoland Berlin empfängt alle Gäste mit einer überaus sehenswerten Baustein-Miniaturausgabe der Stadt.

STUDIO OF WONDERS

Im Studio of Wonders besteht die Möglichkeit, einmal selbst Teil der Ausstellung zu sein und sich in mehr als 30 interaktiven Erlebniswelten zu verlieren. Diese bieten zahlreiche Möglichkeiten für Foto- und Videoaufnahmen sowie für coole Selfies. So gibt es beispielsweise einen Endless-Dancefloor, ein Bällebad und einen Wonder Späti mit verrückten Gegenständen. Besondere Bilder lassen sich auch in der Upside-Down-U-Bahn machen, in der die Welt plötzlich Kopf steht.

STUDIO OF WONDERS BERLIN • Mall of Berlin, 2. OG, Leipziger Platz 12, 10117 Berlin-Mitte, www.studioofwonders.com/berlin

THE WOW! GALLERY

In der WOW! Gallery gibt es auf 750 Quadratmetern 35 Fotosetups für Selfies. Digitale und analoge Pop-Up-Kulissen bieten vielfältige Gelegenheiten, zum Content-Creator zu werden. So entsteht ein idealer Social-Media-Playground, um selbst einmal der Star für Foto- und Videoaufnahmen zu werden. Interessant ist das Angebot »Family Fotoshooting« bei dem besondere Familienmomente anstatt in klassischen Fotoateliers hier in den professionellen Sets und Kulissen festgehalten werden können. Die Setups wurden von professionellen Menschen aus dem Filmgeschäft entwickelt und umgesetzt.

THE WOW! GALLERY • East Side Mall, 1. Etage, Tamara-Danz-Straße 11, 10243 Berlin-Friedrichshain, Tel.: 030-23 60 70 73, www.thewowgallery.de

▸ Das Studio of Wonders bietet außergewöhnliche Fotokulissen.

EVENTS

BERLINER MÄRCHENTAGE

Mittlerweile haben sich die Berliner Märchentage zum größten Märchenfestival der Welt entwickelt. 1989 von Horst-Dieter Klock aus Freude über den Mauerfall gegründet, entwickelten sie sich zu einer »Massenbewegung«. Jedes Jahr unter dem Motto »Die Welt kommt nach Berlin« finden rund 800 Veranstaltungen an 350 Orten statt. Dabei steht jedes Jahr ein anderer Kulturkreis oder ein globales Thema im Vordergrund.

Veranstalter:
MÄRCHENLAND E. V. • Spreeufer 5, 10178 Berlin-Mitte,
Tel.: 030-347 094 78, www.berliner-maerchentage.de

KHROMA NEW MEDIA ART CENTER

Auf einer Fläche von 1200 Quadratmetern werden wechselnde Licht-, Sound- und Rauminstallationen sowie kinetische und interaktive Skulpturen präsentiert. In dieser modernen Erlebnisausstellung können die Besuchenden durch eigene Körperbewegungen die digitalen Kunstwerke in Bewegung versetzen und auch beeinflussen. Menschen aus den Bereichen Kunst und Technologie kommen zusammen, um die Grenzen digitaler Medien durch modernste Technologien auszuloten und traditionelle Kunstformen zu erweitern. In interkulturellen Projekten und Ausstellungen stellen talentierte digitale Kunstschaffende ihre Exponate vor. Darüber hinaus laden immersive Konzerte zum Besuch ein.

KHROMA | NEW MEDIA ART CENTER • RAW-Gelände, Revaler Straße 99,
10245 Berlin-Friedrichshain, www.khroma.berlin

Das Silent Green hat mit einem früheren Krematorium einen ganz einzigartigen Kultur-Ort gefunden.

TRANSMEDIALE

Die transmediale ist ein Festival und zugleich eine Plattform für digitale Kultur und Medienkunst, die sich mit kulturellem Wandel aus postdigitaler Sicht auseinandersetzt. Jährlich gibt es Ende Januar/Anfang Februar sowohl verschiedene Ausstellungsformate, Performances, Workshops sowie Film- und Videoprogramme als auch elektronische und experimentelle Musik. Im Laufe der Zeit ist die transmediale zu einem der wichtigsten Events für Kunst und digitale Kultur geworden.

HAUS DER KULTUREN DER WELT • John-Foster-Dulles-Allee 10, 10557 Berlin-Tiergarten

SILENT GREEN • Gerichtstraße 35, 13347 Berlin-Wedding, Tel.: 030-959 994 231,

www.transmediale.de

AKTIV UND SPORTLICH

SCHWIMMEN

Berlin bietet eine einzigartige »Schwimmlandschaft«. Wer schwimmen möchte, hat die Wahl zwischen rund 60 verschiedenen Schwimmbädern. Ungefähr die Hälfte davon sind Schwimmhallen bzw. Hallenbäder. Hier werden ausgewählte Bäder vorgestellt, die nicht nur ein Schwimmerlebnis, sondern gleichzeitig ein ästhetisches Vergnügen durch die besondere Gestaltung der Anlagen bieten.

HISTORISCHER POOL ODERBERGER STRASSE

Wer unter dem Relief mit einem Bären, der von Nixen gebadet wird, hindurchgeht, gelangt in die ehemalige Volksbadeanstalt mit dem heutigen Hotel Oderberger und durch dieses zum Schwimmbecken in der historischen Schwimmhalle. Hier besteht die Möglichkeit, unter einem Kreuzgratgewölbe in einem 20 Meter langen Becken zwischen Arkadengängen mit Galerien zu schwimmen. Das historische Stadtbad nach Plänen von Ludwig Hoffmann wurde 1902 im Neorenaissancestil eröffnet. Nachdem das Becken viele Jahre trocken lag, wurde es 2016 als Hotelpool wiedereröffnet, der auch der Öffentlichkeit zur Verfügung steht. Da die Halle auch für Veranstaltungen genutzt wird (durch einen Hubboden wird der Beckenbereich zu einer Eventfläche), ist es sinnvoll, kurzfristig die aktuellen Öffnungszeiten zu erfragen.

HOTEL ODERBERGER • Oderberger Straße 57, 12435 Berlin-Prenzlauer Berg, Tel.: 030-780 089 7676, www.hotel-oderberger.berlin/bad

SCHWIMMHALLE FINCKENSTEINALLEE

Bei der Eröffnung der Halle 1938 in Lichterfelde war die Schwimmhalle Finckensteinallee die größte und modernste Schwimmhalle Europas. Mit einer lichten Höhe von 15 Metern bietet sie ein 50 Meter langes und 25 Meter breites Schwimmbecken. Die lichtdurchflutete Halle hatte sogar versenkbare Fenster. Bis 1994 war ihre Nutzung ausschließlich dem Militär vorbehalten: zunächst der SS-Leibstandarte Adolf Hitler und später der US-Armee. Danach wurde sie für das Schul- und Ver-

Die wunderschöne Alte Halle des Stadtbads Charlottenburg.

einsschwimmen genutzt und steht seit 2014 – nach einer umfassenden denkmalgerechten Sanierung – auch der Öffentlichkeit zur Verfügung. Einen Nichtschwimmerbereich gibt es nicht! Das Bad ist barrierefrei.

SCHWIMMHALLE FINCKENSTEINALLEE • Finckensteinallee 73, 12205 Berlin-Lichterfelde, Tel.: 030-787 322 430, www.berlinerbaeder.de/baeder/detail/schwimmhalle-finckensteinallee

STADTBAD CHARLOTTENBURG ALTE HALLE

Menschen, die sich am Jugendstil erfreuen, kommen in der alten Halle im historischen Stadtbad Charlottenburg auf ihre Kosten. Das in den 1970er und 1980er Jahren modernisierte Bad ist das älteste noch in Betrieb befindliche Schwimmbad Berlins. Es wurde 1898 nach Plänen von Paul Bratring erbaut und als Beitrag zur Hygiene und Volksgesundheit eröffnet. Die Deckenkonstruktion aus Stahl und Glas über dem 25-Meter-Becken lässt viel Tageslicht in die Halle fallen, deren Stirnwände mit fünfteiligen Malereien nach antikem Vorbild geschmückt sind.

STADTBAD CHARLOTTENBURG – ALTE HALLE • Krumme Straße 10, 10585 Berlin-Charlottenburg, Tel.: 030-787 322 210, www.berlinerbaeder.de/baeder/detail/stadtbad-charlottenburg-alte-halle

Im Stadtbad Neukölln lässt sich das winterliche Schmuddelwetter wunderbar vergessen.

STADTBAD MITTE »JAMES SIMON«

Wer in einer Architektur-Ikone des Neuen Bauens der 1920er Jahre seine Schwimmbahnen ziehen möchte, ist im Stadtbad Mitte »James Simon« genau richtig. Mit den gespendeten Geldern des Kaufmanns James Henry Simon konnte 1929/30 die Volksbadeanstalt nach dem Entwurf von Carlo Jelkmann entstehen. Für die Innengestaltung war Heinrich Tessenow verantwortlich, der die Wände und Decken der großen Halle mit 50-Meter-Becken in gerasterte doppelschalige Glasflächen auflöste. Seit der Restaurierung Mitte der 1990er Jahre ist das Schwimmbad ein »Wunderwerk aus Licht, Fliesen, Wasser, Stahl und Stahlbeton«.

STADTBAD MITTE »JAMES SIMON« • Gartenstraße 5, 10115 Berlin-Mitte, Tel.: 030-787 322 010, www.berlinerbaeder.de/baeder/detail/stadtbad-mitte-james-simon

STADTBAD NEUKÖLLN

Im Stil einer antiken Therme wurde 1914 das Stadtbad Neukölln nach Plänen von Reinhold Kiehl errichtet. So sind die große Schwimmhalle (mit 25-Meter-Becken) und die kleine Schwimmhalle (mit 19-Meter-Becken) mit bis zu sieben Meter hohen Säulen, Wandelgängen und Mosaiken gestaltet. Die beiden unterschiedlichen Becken waren ursprünglich für die Trennung von Männern und Frauen gedacht. Das 2009 aufwendig sanierte Gebäude beherbergt auch ein Dampfbad, eine Finnische Sauna, eine Kräutersauna, ein Caldarium, ein Sanarium, ein Tauchbecken und einen Außenbereich. Seit seiner Eröffnung gehört das Bad zu den schönsten Europas. Der Zugang ist barrierefrei.

STADTBAD NEUKÖLLN • Ganghoferstraße 3, 12043 Berlin-Neukölln, Tel.: 030-682 49 80, www.berlinerbaeder.de/baeder/detail/stadtbad-neukoelln

STADTBAD SPANDAU NORD

Das 1911 eröffnete und 1984 umfassend renovierte Stadtbad Spandau Nord besticht vor allem durch die großzügige Deckenhöhe. Die Einzelumkleidekabinen sind um das Becken herum verteilt und befinden sich zum Teil auf einer umlaufenden Empore. Das 27-Meter-Becken liegt unter den hohen Rundbogen, die der Halle eine ganz eigene Ausstrahlung geben.

STADTBAD SPANDAU NORD • Radelandstraße 1, 13589 Berlin-Falkenhagener Feld, Tel.: 030-787 322 260, www.berlinerbaeder.de/baeder/detail/stadtbad-spandau-nord

Auch in Mitte findet sich eins der wunderschönen Berliner Stadtbäder.

TANZEN, BÄLLE UND BALLHÄUSER

In Berlin wird seit eh und je getanzt, auf Festen, in Clubs und in Ballhäusern, die sich bis heute den Charme des Vergangenen bewahrt haben. Sie entführen alle Tanzlustigen aus dem winterlichen Grau, genauso wie Tanzschulen oder große Bälle, und bringen die Winterstimmung zum Leuchten.

100 % TANZMUSIK

An ausgewählten Freitagen findet um 19 Uhr in Hellersdorf die Veranstaltungsreihe »100 % Tanzmusik« statt. Der Stadtteiltreff »Grüne Bühne« lädt zu einem generationen- und genreübergreifenden Angebot an Theater-, Kabarett- und Satireveranstaltungen sowie im musikalischen Bereich zu Tango-, Operette-, Musical-, Opern- und Konzertvorführungen ein. Für Tanzbegeisterte oder diejenigen, die es werden wollen, öffnet ein DJ die Türen zum »Schwof« zu Walzer, Tango, Cha Cha, Rumba, Discofox, Standard und Latein-Tänzen.

VARIETÉ GRÜNE BÜHNE • Luckenwalder Straße 5, 12629 Berlin-Hellersdorf, Tel.: 0178-585 11 95, www.grüne-bühne.de/www.gruene-buehne.com

BALLHAUS BERLIN

Im Ballhaus Berlin scheint die Zeit stehen geblieben zu sein. Das 1905 eröffnete Vergnügungsetablissement mit Wandstuck, Galerie, Wendeltreppe, Kronleuchtern und Tischtelefonen atmet den alten Zeitgeist. Der Krieg zerstörte das Vorderhaus, doch das Ballhaus blieb erhalten und wird heute noch für Konzerte, Shows, Comedy und Partys genutzt. Zudem laden eine Bier- und eine Kaffeestube zu gemütlichem Zusammensein ein.

BALLHAUS BERLIN • Chausseestraße 102, 10115 Berlin-Mitte, Tel.: 030-282 75 75, www.ballhaus-berlin.de

Im Ballhaus Berlin trifft Partykultur auf Tradition.

BALLHAUS NAUNYNSTRASSE

Als klassisches Ballhaus des 19. Jahrhunderts gebaut, hat das Ballhaus Naunynstraße viele Facetten der Berliner Geschichte durchlebt. Seit 2008 wird das Haus in Kreuzberg mit postmigrantischen Kulturproduktionen bespielt. Die hier gezeigten selbstbestimmten Produktionen setzen sich mit Perspektiven von BIPOC, queeren Menschen und den Themen »Koloniale Vergangenheit«, »Struktureller Rassismus« und den Mechanismen intersektionalen Ausschlusses auseinander.

BALLHAUS NAUNYNSTRASSE • Naunynstraße 27, 10997 Berlin-Kreuzberg, Tel.: 030-754 537 25, www.ballhausnaunynstrasse.de

BALLHAUS WEDDING

Das historische Haus mit einer bewegten Geschichte wurde liebevoll im Stil der 1920er Jahre restauriert und dient als vielfältiger Veranstaltungsort für Konzerte, Bälle, Theatersport, Ausstellungen, Poetry Slam, Varieté und Tanzort für ganz unterschiedliche Stile.
Zudem gibt es ein Kaminzimmer, in dem an kalten Wintertagen ein Feuer prasselt, sowie ein Pfauenzimmer, in dem außergewöhnliche Tanzmode des Modelabels Plumita präsentiert und vor Ort erworben

Das Ballhaus Wedding besticht mit seiner eleganten Ausstattung.

werden kann. Auf dem Parkettboden, der im Ballsaal verlegt wurde und aus den Studios in Babelsberg stammt, tanzte schon Marlene Dietrich im Film »Der blaue Engel«.
Ein besonderes Highlight ist die Seniorendiskothek, die bereits 1974 von Michael Borge ins Leben gerufen wurde. Bekannt und legendär wurde sie durch den Auftritt zahlreicher bekannter Schlagergrößen. Inzwischen wird dieses Amüsement mit Musik, Kaffee und Kuchen an jedem ersten Montag im Monat im stilvollen Ambiente des Ballhauses Wedding zelebriert.
Auch ein Silvesterball im Stil der 1920er Jahre mit Live-Musik und DJ-Set findet jährlich statt. Hier lässt es sich wie in den »Roaring Twenties« unter Kronleuchtern ins neue Jahr schwofen. Im Untergeschoss ist alles für eine Runde Karaoke vorbereitet.

BALLHAUS WEDDING • Wriezener Straße 6, 13359 Berlin-Gesundbrunnen, Tel.: 0162-376 77 12, www. ballhauswedding.de

Im Café Keese wird noch geschwoft, bis der Winter draußen vergessen ist.

CAFÉ KEESE

Das 1966 eröffnete Tanzlokal ist durch die Einführung des »Ball paradox«, bei dem Frauen Männer zum Tanz auffordern, bekannt geworden. Die 1992 installierten Tischtelefone wurden 2023 repariert und erfreuen sich großer Beliebtheit. In diesem klassischen Tanzlokal gibt es fast 400 Sitzplätze an 135 Tischen, zwei Bars, eine Bühne und eine 80 Quadratmeter große Tanzfläche. Als Ort von Film- und Fotoaufnahmen zahlreicher Prominenter ist das noch immer traditionell eingerichtete Haus für tanzfreudige Menschen mittleren Alters ein Anziehungspunkt. Gespielt werden deutsche und internationale Schlager und Dance Classics. Zudem gibt es verschiedene Themenabende.

CAFÉ KEESE • Bismarckstraße 108, 10625 Berlin-Charlottenburg,
Tel.: 030-312 91 11, www.cafekeese.de

Clärchens Ballhaus mit seiner über 100-jährigen Geschichte ist noch immer eine Berliner Institution.

CLÄRCHENS BALLHAUS

Clärchens Ballhaus ist eines der bekanntesten und legendären Ballhäuser Berlins. 1913 eröffneten Fritz und Clara Bühler das Ballhaus in einem Hinterhaus in der Auguststraße. Nach der Frau des Besitzers wurde das Etablissement schon bald Clärchens Ballhaus genannt. Als der Zweite Weltkrieg, in dem das Vorderhaus zerstört wurde, vorbei war, wurde der Betrieb wieder aufgenommen und erfreute sich anhaltender Beliebtheit. Auch zu DDR-Zeiten blieb es ein Privatbetrieb. Nach mehrfachen Besitzerwechseln wird heute auch der Bereich vor dem Haus und der Spiegelsaal für Veranstaltungen genutzt. Das Ballhaus ist Ort von zahlreichen Fernseh- und Filmaufnahmen wie z. B. »Stauffenberg« oder »Inglourious Basterds«.

CLÄRCHENS BALLHAUS • Auguststraße 24, 10117 Berlin-Mitte, Tel.: 030-555 785 440, www.claerchensball.haus

HEIMATHAFEN NEUKÖLLN

Die Ursprünge des Heimathafens Neukölln gehen in die Zeit von Rixdorf (seit 1912 Neukölln) zurück. Das Haus hat eine bewegte Geschichte als Vergnügungssalon, Theater, Kino und einigem mehr. Seit 2009 bietet der Heimathafen Neukölln ein niedrigschwelliges Kulturangebot und zieht mit seinen Theater-, Musik- und Unterhaltungsveranstaltungen sowie den Tanzpartys Menschen aus der ganzen Stadt an. Darüber hinaus finden hier Buchpremieren, kritische Debatten, Saalslams, Scienceslams u. v. m. statt. In der kälteren Jahreszeit erfreuen sich besondere Events wie das »Frohe Festival – Wintermarkt« großer Beliebtheit, bei dem es an mehreren Tagen um Bücher geht, die vorgestellt, diskutiert und signiert werden.

HEIMATHAFEN NEUKÖLLN/SAALBAU NEUKÖLLN • Karl-Marx-Straße 141, 12043 Berlin-Neukölln, Tel.: 030-220 136 980, www.heimathafen-neukoelln.de

Der Heimathafen Neukölln ist Ort für unterschiedlichste kulturelle Veranstaltungen.

PRESSEBALL BERLIN

Der Presseball gehört mit zu den ältesten Berliner Bällen überhaupt und geht zurück auf das Wohltätigkeitsfest 1872. Der Ort, an dem er zu Beginn des Jahres stattfindet, wechselt. Die Einnahmen dienen sozialen Zwecken und kommen dem Journalismus zugute. Hier treffen sich u. a. Persönlichkeiten der Medienwelt sowie Menschen aus Wirtschaft, Politik, Kultur und Kommunikation. Ein billiges Vergnügen ist der Presseball sicherlich nicht, aber wer einen Abend mit Glanz und Glamour verbringen möchte, ist hier richtig.

Veranstalter:
PIKOSSO BERLIN • Presseball Berlin, Fasanenstraße 39, 10719 Berlin-Charlottenburg, Tel.: 030-812 942 16, www.presseball.de

SILVESTERZAUBER ZITADELLE

In der historischen Festung der Hochrenaissance bietet die Zitadelle Spandau eine pittoreske Kulisse für das Silvesterfeuerwerk. Am Nachmittag findet die Party für die Kinder statt und am Abend die für die Erwachsenen, für die ein Outdoor- und zwei Indoor-Dancefloors zur Verfügung stehen. Darüber hinaus gibt es ein vielfältiges Programm mit Live-Acts, Feuerschluckern und vielem mehr. Um Mitternacht läutet das eindrucksvolle Höhenfeuerwerk das neue Jahr ein.

ZITADELLE SPANDAU • Am Juliusturm 64, 13599 Berlin-Haselhorst, Tel.: 030-367 572 61, www.silvesterzauber-berlin.de

SPANDAUER SPORTLERBALL

Im Sport Centrum Siemensstadt findet der mittlerweile schon traditionelle Sportlerball mit Tanz- und spannenden akrobatischen Showeinlagen statt. Das Tanzorchester spielt ein breites Repertoire von Standard- bis hin zu lateinamerikanischen Tänzen und sorgt für eine großartige lebendige Stimmung.

SPORT CLUB SIEMENSSTADT BERLIN E. V. • Buolstraße 14, 13629 Berlin-Siemensstadt, Tel.: 030-380 02 40, www.scs-berlin.de

Spannende Einblicke in die Proben bietet alljährlich das Staatsballett.

TANZSCHULE KELLER

Die Tanzschule Keller bietet in eigenen großen Räumlichkeiten nicht nur Tanzkurse für alle Altersklassen und viele Stilrichtungen an, sondern ist auch Event-Location für Tanzpartys, Tanzcafés, Bälle und Special-Mottopartys. Angeboten wird zudem die eigene Keller Community App, in der nicht nur alle Angebote aufgeführt werden, in die online eingecheckt werden kann, sondern auch die Möglichkeit bietet, mit anderen Tanzbegeisterten in Kontakt zu treten und sich zu vernetzen. Und wenn einem das Wetter zum Rausgehen im Winter zu nass und zu kalt ist, besteht die Chance, sich mit der App das Tanzerlebnis mit Online-Tanzkursen und Video-Tutorials in die eigene Wohnung zu holen.

TANZSCHULE DIETER KELLER • Rheinstraße 44, 12161 Berlin-Friedenau, Tel.: 030-851 30 18, www.tanzschule-berlin.de

TANZSCHULE TANZSUITE

In einem der beiden Turmbauten am Strausberger Platz kann in der 13. Etage mit grandiosen Blick über Berlin eine Vielzahl an Kursen für verschiedene Altersgruppen absolviert werden. Danach besteht die Möglichkeit in der Panoramabar zu entspannen. Neben klassischen Tanzkursen werden auch Workshops und anlassbezogene Kurse angeboten. Darüber hinaus gibt es am letzten Sonntag des Monats die Veranstaltung »Tanzgeschichte und Tanzgeschichten« als Reise durch die Welt des Tanzens.

TANZSCHULE TANZSUITE • Strausberger Platz 1, 10243 Berlin-Friedrichshain, Tel.: 030-525 15 22, www.tanzsuite.de

TRAINING DES STAATSBALLETTS

Im Zusammenhang mit dem World Ballett Day am 1. November findet einmal im Jahr ein Training des Staatsballetts statt, bei dem man zuschauen kann. Diese Veranstaltung bietet die seltene Gelegenheit, das Ensemble des Staatsballetts beim Training zu erleben. Hier ist zu sehen, was sonst nur im Verborgenen geschieht: unermüdliches Proben tagein tagaus als Vorbereitung auf die Aufführungen.

STAATSOPER BERLIN • Unter den Linden 7, 10117 Berlin-Mitte, Tel.: 030-203 540, www.staatsoper-berlin.de; www.staatsballett-berlin.de

WIENER BALL

Die Österreichisch-Deutsche-Gesellschaft organisiert den Wiener Ball in der deutschen Hauptstadt. Das Ballorchester spielt Walzer, Foxtrott oder einen einfachen Discofox. Dazu gibt es ein Unterhaltungsprogramm sowie typische Genüsse der österreichischen Küche. So lässt sich ein Fest in Wiener Tradition unbeschwert genießen. Der jeweilige Veranstaltungsort wird rechtzeitig bekanntgegeben.

Veranstalter:
ÖSTERREICHISCH-DEUTSCHE-GESELLSCHAFT E. V. BERLIN-BRANDENBURG • Motzener Straße 5, 12277 Berlin-Marienfelde, Tel.: 030-216 20 58, www.oesterreichisch-deutsche-ges.de

KLETTERN

Inzwischen gibt es in Berlin eine Vielzahl an Kletter- und Boulderhallen, die alle Parcours verschiedener Schwierigkeitsgrade und Kletterkurse anbieten. Im Gegensatz zum Klettern wird beim Bouldern ohne Kletterseil und Klettergurt geklettert, jedoch nur bis zur Absprunghöhe. Dies ist die Höhe bis zu der ohne wesentliches Verletzungsrisiko abgesprungen werden kann. Im Folgenden werden einige ausgewählte Kletter- und Boulderhallen kurz vorgestellt.

CLIFFHANGER BOULDERLOUNGE

Diese Boulderlounge liegt etwas versteckt, dafür aber am idyllischen Havelufer in Spandau mit einem schönen Blick aufs Wasser. Die beeindruckende Halle ist ein altes Industriedenkmal, in dem die moderne Anlage eingebaut ist.

CLIFFHANGER BOULDERLOUNGE • Telegrafenweg 21, Havelwerke, Gebäude WERFT, 13599 Berlin-Haselhorst, Tel.: 030-670 601 60, www.cliffhanger-berlin.de

BERGWERK

BergWerk ist mit 14 Parcours bis in eine Höhe von 25 Metern Europas größter Indoor- und Erlebnis-Kletterpark. Dabei gibt es viele Routen, die sich auf verschiedenen Ebenen weitgehend horizontal bewegen, aber auch Klettersteige, die vertikal nach oben ausgerichtet sind und im Atrium des Einkaufszentrums Helle Mitte bis unter das Glasdach der Shopping Mall führen.

BERGWERK • Stendaler Straße 25, Eingang über CineStar, 12627 Berlin-Hellersdorf, Tel.: 030-992 743 73, www.bergwerk.berlin

BERTA BLOCK BOULDERHALLE

Die Kletterrouten der Berta Block Boulderhalle sind sehr unterschiedlich und vielfältig von Einsteigerniveau bis hin zu Profirouten. Freistehende Kletterpilze sorgen für Herausforderungen mit überhängenden

Energietanken in der Cliffhanger Boulderlounge

Wänden und einen 360-Grad-Blick als »Gipfelerlebnis«. Eine Kombinationskarte mit der Kletterhalle Magic Mountain ist erhältlich.

BERTA BLOCK BOULDERHALLE • Mühlenstraße 62, 13187 Berlin-Pankow, Tel.: 030-914 247 30, www.bertablock.de

BOULDERKLUB KREUZBERG

Die etwas versteckt im Hinterhof liegende Einrichtung ist für urbane Kletternde eine Kombination aus Boulderhalle, Fitnesscenter, Café und gemütlichem Wohnzimmer mit kunstvoll designten Wänden. Zudem gibt es eine Kinderhalle mit dem zu erkletternden Piratenschiff Renate.

BOULDERKLUB KREUZBERG • Ohlauer Straße 38, 10999 Berlin-Kreuzberg, Tel.: 030-983 918 10, www.boulderklub.de

BOULDERGARTEN

Im Neuköllner Bouldergarten wird Bouldern zu einer eigenen Philosophie. Es gibt ästhetisch gestaltete Kletterwände und Routen sowie zahlreiche Angebote zum Boulder-Livestyle wie Kletterphysiotherapie, Yoga und verschiedene Massagen.

BOULDERGARTEN • Thiemannstraße 1, 12059 Berlin-Neukölln, Tel.: 030-224 798 15, www.bouldergarten.de

DAV KLETTERZENTRUM

Der Deutsche Alpenverein ist einer der größten Vereine der Stadt und unterhält ein eigenes Kletterzentrum mit 15 Metern Höhe und 1750 Quadratmetern Kletterfläche und einer kleineren etwa acht Meter hohen Halle. Neben dem Kletterbereich ist ein eigener Boulderbereich vorhanden. Eine Mitgliedschaft ist nicht erforderlich, gewährt aber günstigere Preise. Über die aktuelle Auslastung der Halle gibt die Internetseite Auskunft.

DAV KLETTERZENTRUM • Seydlitzstraße 1h, 10557 Berlin-Moabit, Tel.: 030-330 998 636, www.dav-berlin.de/klettern/kletterzentrum

MAGIC MOUNTAIN

Am Magic Mountain warten rund 300 abwechslungsreiche Routen in bis zu 15 Metern Höhe in der Halle, die es seit 2002 in Gesundbrunnen gibt. Neben den klassischen Angeboten einer Kletterhalle sind auch Nachtkletterevents im Angebot, bei denen in der Dunkelheit mit Stirnlampe, fluoreszierender Bemalung und guter Musik geklettert wird. Darüber hinaus wird eine Kombinationskarte mit der Boulderhalle Berta Block angeboten.

MAGIC MOUNTAIN • Böttgerstraße 20, 13357 Berlin-Gesundbrunnen, Tel.: 030-887 157 90, www.magicmountain.de

SOUTHROCK KLETTERHALLE

Die höchste Kletterhalle der Stadt steht in Marienfelde. Sie ist 17 Meter hoch und bietet 1500 Quadratmeter Kletterfläche. Neben verschiedenen Kletterkursen gibt es auch ein spezielles Sturztraining. Es zielt darauf ab, die Sturzangst zu reduzieren, vermindert das Verletzungsrisiko und verfeinert Technik und Timing. Ein Sauna- und Wellnessbereich lädt zum anschließenden Entspannen ein.

SOUTHROCK KLETTERHALLE • Trachenbergring 85, 12249 Berlin-Marienfelde, Tel.: 030-680 898 64, www.southrock-berlin.de

▸ Kletter-Event in der Berta Block Boulderhalle

3
9
MASTERS

SPRINGEN

Trampolinspringen ist gesund, fördert die Muskulatur, hält Sehnen und Bänder elastisch, fördert das Gleichgewicht und die Koordination. Vor allem aber macht es Spaß – nicht nur Kindern. Bis zu 400 Muskeln und der Kreislauf werden in Schwung gebracht. Tagsüber dominieren junge Menschen die Hallen. Einige der Sprung-Orte haben am Wochenende (Freitag und Sonnabend) auch noch nach 19 Uhr geöffnet, dann hebt sich der Altersdurchschnitt.

JUMP3000

JUMP3000 ist einer der ersten Parcours- und Trampolinparks in Berlin. Über 2000 Quadratmetern stehen hier für sportliche Bewegung wie Springen und Parcours zur Verfügung. Darüber hinaus besteht die Möglichkeit, beim Battle Beam eine Gegnerperson auf einem über ein Schaumstoffbecken oder Luftkissen aufgehängten Balken aus dem Gleichgewicht zu bringen oder beim Wall Jump einen Parkour durch Sprünge an die Wände zu absolvieren.

JUMP3000 • Landsberger Straße 217/218, 12623 Berlin-Mahlsdorf, Tel.: 030-920 300 03, www.jump3000.de

JUMP HOUSE

Die größte Trampolinhalle Berlins bietet 4000 Quadratmeter Fläche und ist in einer unter Denkmalschutz stehenden ehemaligen Industrie-Backsteinhalle untergebracht. Sie bietet hierdurch ein einzigartiges Ambiente, in dem 13 verschiedene Attraktionen einladen: Neben den klassischen Jump-Offerten gibt es eine Valo Arena (hier können mehrere Spielende in einem physischen und virtuellen Raum auf einer Art

Schwerelos durch die große Halle des Jump House

Bühne gegeneinander antreten), den TowerJump (Sprung von einem ca. zwei Meter hohem Turm in einen weichen Airbag mit Strudeldesign) und den Höhenparcours Sky Ninja in elf Metern Höhe mit Ziplines.

JUMP HOUSE • Miraustraße 38, 13509 Berlin-Borsigwalde,
Tel.: 040-540 70 12, www.jumphouse.de/berlin

SPRUNG.RAUM

Im Süden Berlins stehen auf 2400 Quadratmetern neben den Klassikern in Trampolinparks auch Dodgeball (ein Mehrpersonenballspiel), ein Ninja-Parcours sowie ein BigAirBag zur Verfügung. In das riesige Kissen kann man sich von einer Trapezschaukel wie im Zirkus hineinfallen lassen. Zudem gibt es unter dem Namen GRAND.MASTER vier High Performance Trampoline mit speziellem Sprungtuch und Federn für besonders hohe Sprünge.

SPRUNG.RAUM • Malteserstraße 139–142, 12277 Berlin-Marienfelde,
Tel.: 030-754 488 090, www.sprungraum.de/berlin

MYJUMP kann man gleich zweimal in Berlin besuchen, in Mitte und in Marzahn.

MYJUMP

In den MYJUMP-Hallen Mitte und Ost sind alle gängigen Übungen und Spiele möglich. Zusätzlich gibt es in Mitte interaktive und immersive Wände mit Spielen für bis zu acht Personen gleichzeitig. In den Bereichen Unterhaltung, Sport- und Edutainment werden 20 verschiedene Spiele angeboten.

In der Halle Ost in Marzahn bietet die Valo Arena Mixed-Reality-Attraktionen, die hochwertige digitale Spiele mit Sport kombinieren. Freie Bewegungen, klettern und springen sind dabei möglich.

MYJUMP BERLIN MITTE • Caroline-Michaelis-Straße 8, 10115 Berlin-Mitte, Tel.: 030-555 724 714, www.myjump.de/Myjump-berlin-mitte/

MYJUMP OST • Allee der Kosmonauten 30/Ecke Beilsteiner Straße, 12681 Berlin-Marzahn, Tel.: 030-629 386 01, www.myjump.de/myjump-ost

LASERTAG

Lasertag wurde 1970 ursprünglich für das US-Militär für Ausbildungs- und Übungszwecke entwickelt. Später entdeckte es die Spielzeugindustrie und so eröffnete 1984 die erste Lasertag Arena in Dallas. Auch in Berlin gibt es mittlerweile eine Vielzahl an Orten, die Lasertag anbieten.

LASERTAG ARENA CHARLOTTENBURG UND SCHÖNEWEIDE

Die Lasergame GmbH hat in Berlin zwei Indoor-Standorte. In Charlottenburg gibt es eine 950 Quadratmeter große Halle im Dschungel-Look, in der es auch im Winter behaglich sommerlich zu sein scheint. In Schöneweide bietet die Halle unter dem Namen »Spaceship« auf 800 Quadratmetern ein Labyrinth und ist mit Schwarzlicht und Neon-Elementen ausgestattet.

LASERTAG ARENA CHARLOTTENBURG • Nordhauser Straße 26, 10589 Berlin-Charlottenburg, Tel.: 030-683 222 97

LASERTAG ARENA SCHÖNEWEIDE • Wilhelminenhofstraße 89, Gebäude 3, 12459 Berlin-Oberschöneweide, Tel: 030-755 470 08, www.spielt-lasertag.de

UNDERGROUND LASERGAME BUNKER SECTOR 9

Die im Zentrum Berlins gelegene Location ist die einzige Lasertag Arena Berlins in einem unterirdischen historischen Bunker. Der Bunker stammt aus dem Zweiten Weltkrieg. Hierdurch ergibt sich ein anderes, authentischeres Gefühl als in künstlich gestalteten Arenen.

UNDERGROUND LASERGAME • Stresemannstraße 92, 10963 Berlin-Kreuzberg, Tel.: 030-212 340 88, www.underground-lasergame.de

Dockx bietet nicht nur Lasertag, sondern auch Schwarzlicht-Minigolf für trübe Tage.

DOCKX

Diese Lasertag Arena liegt direkt am Tempelhofer Hafen. Der hier futuristisch gestaltete Lasertag-Parcours mit Schwarzlicht und Neon-Elementen wird mit leuchtenden Lasertag-Westen absolviert. Die Fläche reicht über zwei Etagen.

DOCKX • Ordensmeisterstraße 1–3, 12099 Berlin-Tempelhof,
Tel.: 030-720 122 28, www.dockx-berlin.de

LASERTAG.BERLIN

LaserTag.Berlin bietet zwei Indoor-Arenen auf insgesamt etwas über 600 Quadratmetern. Für die Innenraumgestaltung wurde der Science-Fiction-Film »Tron« von Walt Disney als Vorbild genommen, dementsprechend futuristisch mutet die Location an. Es gibt Rampen, Podeste und Einzelziele.

LASERTAG.BERLIN • An der Industriebahn 2, 13088 Berlin-Weißensee,
Tel.: 030-959 984 649, www.lasertag.berlin

LASERTAG.ME – WRECKING HOUSE

Die 400 Quadratmeter große Arena erinnert in ihrer Gestaltung an ein altes Abrisshaus und bietet damit verschiedene Szenarien wie z. B. ein altes Badezimmer oder einen Tunnel. Dazu gibt es sehr viele Lichteffekte.

LASERTAG.ME • Feldberger Ring 5, 12619 Berlin-Hellersdorf, Eingang über Bowling Hellersdorf, Tel.: 030-563 53 45, www.lasertag.me

LASERSTAR

Mit 1200 Quadratmetern Fläche hat Laserstar wohl die größte Lasertag-Anlage in Berlin. Durch das Schwarzlicht und den Einsatz von Nebelmaschinen ist der Besuch hier mit einem hohen Spaßfaktor verbunden.

LASERSTAR • Karl-Marx-Straße 255, 12057 Berlin-Neukölln, Tel.: 030-403 673 050, www.laserstar.rocks/berlin/lasertag

Den Alltag völlig vergessen bei LaserTag.Berlin

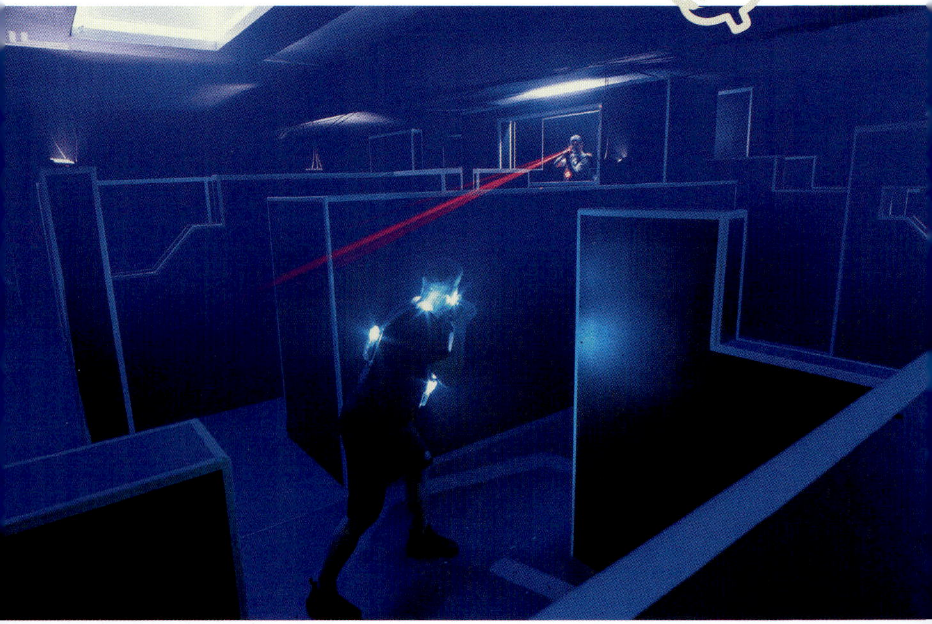

AXTWERFEN

Diese Trendsportart kommt ursprünglich aus Kanada und erobert nun auch den europäischen Markt. Bevor geworfen werden kann, gibt es ein umfassendes Sicherheitsbriefing und eine Anleitung zum richtigen Werfen. Auf jeder Bahn befindet sich nur eine Person, Gruppen können mehrere Bahnen nutzen. Da hier volle Konzentration nötig ist, lässt sich der Alltagsstress vergessen, und das Axtwerfen hat dadurch für manche einen meditativen Charakter.

WOODCUTTER AXTWERFEN

Insgesamt zwölf Axtwurf-Bahnen stehen bei WoodCutter direkt neben dem Fernsehturm zur Verfügung. Beim Betreten des Raumes fällt sofort der Waldgeruch auf, den die an den Wänden hängenden hölzernen Zielscheiben verströmen. Zwischen den Bahnen sind Doppelzäune zur Sicherheit angebracht.

WOODCUTTER AXTWERFEN • Karl-Liebknecht-Straße 9, 10178 Berlin-Mitte, Tel.: 0152-313 964 24, www.woodcutter.world/de/axethrowing-berlin

LASERGAME AXTWERFEN

Hier wird mit Wurfbeilen um die 600 Gramm geworfen, die für jede Person ab 14 Jahren geeignet sind. Zudem wurde das Axtwerfen hier weiterentwickelt, indem als weitere Stufe eine digitale Version existiert. Ein besonderes Angebot gibt es für Kinder. Diese können auf Soft-Axt-Bahnen Schaumgummi-Äxte mit Saugnäpfen werfen.

LASERTAG ARENA SCHÖNEWEIDE • Wilhelminenhofstraße 89, Gebäude 3, 12459 Berlin-Oberschöneweide, Tel: 030-755 470 08, www.spielt-lasertag.de/axtwerfen

Axtwerfen bei WoodCutter Axtwerfen ist eine in Berlin noch eher ungewöhnliche Freizeitbeschäftigung.

ESCAPE ROOMS

In den letzten Jahren sind Escape Rooms immer mehr zu einem beliebten Freizeitvergnügen geworden. In Escape Rooms geht es darum, Rätsel und Aufgaben innerhalb einer bestimmten Zeit zu lösen, um am Ende den Schlüssel zu finden, mit dem man sich aus dem Raum, in dem man eingeschlossen ist, zu befreien. Natürlich gibt es die Möglichkeit, Tipps zu bekommen, sollte ein Rätsel allzu schwer sein. Die Escape Rooms wurden allesamt sehr aufwendig und detailreich gestaltet, teilweise sogar in Zusammenarbeit mit Filmexperten. Inzwischen gibt es viele, von denen hier einige vorgestellt werden.

ESCAPE BERLIN

Es gibt eine große Auswahl an Spielen für Kinder, Jugendliche und Erwachsene, bei einigen von ihnen darf sogar Alkohol getrunken werden. Zudem gibt ein Spiel »Mutprobe«, welches kein klassisches Escape-Game ist. Es ist ein immersives Abenteuer für mutige Erwachsene mit schauriger Atmosphäre und Gruselfaktor.

ESCAPE BERLIN • Landsberger Allee 117a, 10407 Berlin-Prenzlauer Berg, Tel.: 030-346 558 033, www.escape-berlin.de

FINAL ESCAPE

Die von Film- und Bühnenbildnern gebauten Escape Rooms von Final Escape warten mit verschiedenen Schwierigkeitsgraden auf. Folgende Szenarien sind hier möglich: »Prison Break« (Ausbruch aus einem Gefängnis), »Blutiges Erwachen« (eingeschlossen in einer verlassenen Klinik), »The Puppeteer« (Wird eine verschwundene Gruppe zu willenlosen Marionetten eines Puppenspielers?), »Robot Paranoia« (Kampf gegen KI-Roboter), »Last Human« (auf den Spuren der letzten Überlebenden) und »Das Geisterschiff« (Aufnahmeprüfung für die Piratencrew).

FINAL ESCAPE • Prenzlauer Allee 23, 10405 Berlin-Prenzlauer Berg, Tel.: 030-200 033 059, www. final-escape.com/berlin

Im House of Tales gilt es, der Grabkammer zu entfliehen, bevor die Zeit abgelaufen ist.

HOUSE OF TALES

Im House of Tales werden in schön gestalteten Räumen umfassende Geschichten mit hochwertiger Technik zum Leben erweckt. Folgende Storys stehen zur Auswahl: »One Night in Hong Kong«, »Der Fluch des Pharaos«, »Obsession« (Der verschwundene Professor), »Der Henker« oder »Checkpoint Charlie« (für Top-Agenten).

HOUSE OF TALES • Zimmerstraße 90, 10117 Berlin-Mitte,
Tel.: 030-233 274 540, www.houseoftales.de

LABYRINTOOM

Logisches Denken, aber auch Fantasie und Intuition sind im Labyrintoom gefragt. Diese eher als Cabinets denn als Escape Rooms bezeichneten Räume bieten drei Themen: Im Wizard Cabinet geht es darum, einem dunklen Magier zu entkommen, im Leonardo da Vinci Cabinet wird nach dem Heiligen Gral gesucht und im Cube Cabinet ist alles geometrisch und weiß.

LABYRINTOOM • Wartenberg Straße 35, 10365 Berlin-Lichtenberg, Tel.: 030-206 086 09, www.labyrintoom.berlin

TEAMESCAPE

Neben dem Kinder-Escape-Spiel »Anne Bonnys Schatz« gibt es Spiele für Erwachsene zu den Themen Horror (»Blood Lust«), Krimi (»Rabbit6«, »Secret Service«), Abenteuer (»Revolución Olé«, »Space Escape«) und das Überraschungsspiel »Sneak Play«.

TEAMESCAPE • Europa-Center, 1. Etage, Tauentzienstraße 9–12, 10789 Berlin-Charlottenburg, Tel.: 030-208 486 259, www.teamescape.com/berlin

THE ROOM

THE ROOM besticht durch eine durchdachte und sehr detaillierte Ausstattung. In vier Räumen können folgende Spiele absolviert werden: »Brandom Darkmoor« (Geisterspiel), »The Lost Treasure« (für Freunde von »Indiana Jones« und »Die Goonies«), »Beast of Berlin« (Krimi) und »Go West« (Flucht aus dem Osten).

THE ROOM • Ruschestraße 64–66, 10365 Berlin-Lichtenberg, Tel.: 030-373 065 11, www.the-room-berlin.com

▸ Die Rätsel bei The Room sind in aufwendig gestalteten Kulissen versteckt.

Olympia

BEACH-VOLLEYBALL

Beim Beach-Volleyball in geheizten Räumen mit Strandfeeling lässt sich der Winter hervorragend vergessen. Einige Hallen in Berlin laden zum sommerlichen Sport in der kalten und dunklen Jahreszeit ein.

BEACHMITTE WINTERSTRAND

BeachMitte bietet einen Winterstrand in beleuchteten und beheizten 1800 Quadratmeter großen Traglufthallen. Hier stehen insgesamt 13 Indoor-Courts zur Verfügung. Für die Hartgesottenen gibt es aber auch ein paar Outdoor-Felder. Das hier beliebte »all you can beach« (freies Spiel) kann ebenso im Winter stattfinden, dazu werden Trainingskurse und Turniere angeboten.

BEACHMITTE • Caroline-Michaelis-Straße 8, 10115 Berlin-Mitte,
Tel.: 030-555 778 920, www.beachmitte.de

BEACH-ZONE

Neben einigen Outdoor-Anlagen verfügt Beach-Zone im Osten Berlins von Oktober bis Ende April über zwei Indoor-Anlagen. In Wartenberg und in Marzahn stehen jeweils vier Beachvolleyballfelder mit Quarzsand zur Verfügung.

BEACH-HALLE WARTENBERG • Am Berl 21, 13051 Berlin-Neu Hohenschönhausen

BEACH-HALLE MARZAHN • Allee der Kosmonauten 190, 12683 Berlin-Marzahn,
Tel.: 0178-327 58 85, www.beach-zone.de

Beim Indoor-Beach-Volleyball kommen Sommergefühle auf.

EAST61

Von Oktober bis Ende April werden an jedem Sonnabend in der beheizten Halle von East61 Beach-Volleyball-Turniere und Beach-Volleyball-Kurse angeboten. Zehn Plätze mit einer angenehmen Deckenhöhe stehen hier zur Verfügung.

EAST61 • Naumannstraße 43, Zufahrt über Wilhelm-Kabus-Straße 42, 10829 Berlin-Schöneberg, Tel.: 0176-998 525 15, www.east61.de

MINIGOLF

Minigolf ist nicht nur im Sommer möglich. 3D-Minigolfanlagen, die mit den entsprechenden Brillen zusätzliche Effekte bieten, können bei Schwarzlicht ebenso genutzt werden wie ein Adventure Minigolf mit ganz ausgefallenen Bahnen.

3D ADVENTURE SCHWARZLICHT MINIGOLF

Beim 3D Adventure Schwarzlicht Minigolf wird Schwarzlicht kombiniert mit handgefertigten Minigolfbahnen, die alle Unikate sind. Das Spielerlebnis steht an diesen Bahnen im Vordergrund: Dosenschuss, Fahrrad, Freistoß, Riesen Hamsterrad, Kugellabyrinth, Propfenbahn, Powerplatte, Schneckenbahn, Tischkicker, Vier Gewinnt und Wippplatte.

LASERSTAR LASERTAG • Karl-Marx-Straße 255, 12057 Berlin-Neukölln, Tel.: 030-403 673 050, www.laserstar.rocks/berlin/3d-adventure-schwarzlicht-minigolf-neukoelln

3D SCHWARZLICHT MINIGOLF

Beim Schwarzlicht-Minigolf im Dockx sind die Wände von verschiedenen Kunstschaffenden mit fluoreszierenden Farben mit Pinsel oder Airbrush gestaltet. Durch spezielle ausgegebene Brillen lassen sich diese in 3D betrachten. Zudem leuchten die Bälle und Schläger. 18 Bahnen mit unterschiedlichen Hindernissen stehen zur Verfügung: vom klassischen Looping über die schräge Rampe bis zum Basketballkorb.

DOCKX • Ordensmeisterstraße 1–3, 12099 Berlin-Tempelhof, Tel.: 030-720 122 28, www.dockx-berlin.de

3D-Schwarzlicht-Minigolf, hier im Dockx, bringt Farbe und gute Laune in den Winter.

SCHWARZLICHTINSEL

Berlins erste 3D-Schwarzlicht-Indoor-Minigolfanlage lädt die Besuchenden ein unter dem Motto »Visionäre Welten«. 18 Minigolfbahnen müssen in einer fluoreszierenden und traumwandlerischen 3D-Wunderwelt absolviert werden.

SCHWARZLICHTINSEL • Goerzallee 190, 14167 Berlin-Lichterfelde, Tel.: 030-862 031 80 oder 0176-247 319 28, www.schwarzlicht-insel.de

SCHWARZLICHTZONE

Gespielt wird auf 18 individuell und künstlerisch gestalteten Bahnen. Die lumineszierende Gestaltung bietet beim Spielen eine fantasievolle Reise durch UV-Farbwelten.

SCHWARZLICHTZONE • Görlitzer Straße 1, Haus 1 im Görlitzer Park, 10997 Berlin-Kreuzberg, Tel.: 030-616 219 60, www.schwarzlichtzone.de

WINDOBONA SKYDIVING

Schwerelosigkeit im Windkanal von Windobona erleben

In einer 4,3 Meter breiten und 17 Meter hohen Flugkammer kann der Traum vom Fliegen wahr werden. In der sicheren verglasten Flugkammer wird der freie Fall durch Luftströmung von unten simuliert und das Fliegen ermöglicht. Normale körperliche Fitness ist ausreichend, um als unerfahrene – oder erfahrene – Flugperson dieses außergewöhnliche Gefühl zu erleben. Ausgebildete und erfahrene Instruierende sorgen für einen reibungslosen Ablauf.

WINDOBONA BERLIN GMBH • Landsberger Allee 268, 10367 Berlin-Lichtenberg, Tel.: 030-809 334 140, www.windobona.berlin

WELLENREITEN IM WELLENWERK

Surfen, auch wenn draußen Schnee und Minusgrade herrschen.

Sommer und Meer sind weit weg? Nicht in Berlin! Im Wellenwerk ist Wellenreiten ganzjährig bei sommerlichen Wassertemperaturen von 26 Grad möglich. Europas größte und Berlins einzige Indoor-Surfwelle lädt dazu ein, auf ihr zu reiten. Die Welle kann auf jedes Level eingestellt werden und ist somit auch für Neustartende gut zu beherrschen. Es gibt Kurse für alle Schwierigkeitsgrade bis hin zu einem perfekten und endlosen Swell.

WELLENWERK • Landsberger Allee 270, 10367 Berlin-Lichtenberg, Tel.: 030-544 527 07, www.wellenwerk-berlin.de

BUBBLE-BALL

Für Bubble-Ball gibt es verschiedene Bezeichnungen: Loopy Ball, Bumper Ball oder Bubble Soccer. Es ist eine Art Mischung aus Fußball und American Football und hat sich mittlerweile zu einem Trendsport entwickelt. Bei diesem Sport wird nicht nur der Ball gespielt, sondern man ist selbst in einem Ball und damit in einer Art Airbag, der durchsichtig ist und vom Kopf bis unter die Hüfte reicht.

In der Bubble durch die KiCKERWorld kullern

KICKERWORLD

In der KiCKERWorld stehen in der modernen Indoor Halle u. a. drei Courts zur Verfügung. Dort können die gegnerischen Spielenden angerempelt, umgeschubst und von den Füßen geholt werden, ohne dass sie sich verletzen.

KICKERWORLD • Kleine Eiswerderstraße 1/Ecke Daumstraße, 13599 Berlin-Haselhorst, Tel.: 030-747 442 24, www. kickerworld-berlin.de

SOCCERWORLD

In Marienfelde gibt es auch farblich eingefärbte »Balls«, in die geschlüpft werden kann. Hierdurch sind die Mannschaften gut auseinander zu halten.

SOCCERWORLD • Richard-Tauber-Damm 36, 12277 Berlin-Marienfelde, Tel.: 0151-112 101 10, www.soccerworld-berlin.de

KARTFAHREN

Kartfahren begeistert schon lange viele Menschen, ganz egal ob man alleine fährt oder bei einem Gruppenevent mit vielen zusammen. In Berlin gibt es aktuell zwei Indoor-Bahnen, die auch im Winter uneingeschränkt genutzt werden können.

MOBIKART FUN RACING

Bei Mobikart gibt es zwei Bahnen auf zwei Ebenen: Im unteren Bereich eine 150-Meter-Bahn für Menschen ab 130 Zentimeter Körpergröße und im oberen Geschoss eine 280-Meter-Bahn für Menschen ab 155 Zentimeter Körpergröße. Die Fahrzeuge haben entsprechend angepasste Motorstärken (2–8 PS / 1,73–2 x 2,8 kW). Für die ganz Kleinen unter 130 Zentimetern Körpergröße wurde eine separate spezielle Strecke eingerichtet.

MOBIKART FUN RACING • Bornitzstraße 106, 10365 Berlin-Lichtenberg, Tel.: 030-986 387 49, www.mobi-kart.de

BERLINKART

Berlins längste Indoor-Kartbahn mit einer Länge von rund 750 Metern auf einer Fläche von 10 000 Quadratmetern befindet sich in Neukölln. Die Viertaktkarts (6,5 PS / 1,84 kW) werden mit benzolfreiem Benzin betrieben und haben Katalysatoren sowie hydraulische Bremsen. Die Mindestkörpergröße beträgt 155 Zentimeter und das Mindestalter zwölf Jahre.

BERLINKART • Werbellinstraße 50, 12053 Berlin-Neukölln, Tel.: 0151-400 300 91, www.berlin-kart.de

Kartfahren wie ein Profi

SPORT-EVENTS

ISTAF INDOOR

Das ISTAF gehört zu den traditionsreichen Leichtathletik-Veranstaltungen und wird im Sommer im Olympiastadion durchgeführt. Hallenveranstaltungen gab es schon früher in Berlin, z. B. in der damaligen Deutschlandhalle. Seit 2014 findet das ISTAF INDOOR in der heutigen Uber Arena statt und ist Bestandteil der World Athletics Indoor Tour – Silver. Spitzensportler der ganzen Welt nehmen an der Veranstaltung teil, die als eine der größten Hallen-Meetings weltweit gilt. Das ISTAF INDOOR findet in der Regel im Februar statt.

UBER ARENA • Uber-Platz, 10243 Berlin-Friedrichshain, Tel.: 030-301 118 60, www.istaf-indoor.de

SNOOKER GERMAN MASTERS

Das German Masters Snooker Turnier erfreut sich zunehmender Beliebtheit. Seit einigen Jahren wird das Profi-Snooker-Turnier, das zu den Turnieren der World Snooker Tour gehört, in der Rundarena des Tempodroms durchgeführt. Für das jeweils im Januar/Februar stattfindende Sport-Event wurden allein im Jahr 2024 über 15 000 Karten verkauft.

TEMPODROM • Möckernstraße 10, 10963 Berlin-Kreuzberg,
Tel.: 01806-554 311 10, www.tempodrom.de

SIX DAYS RADRENNEN

Die Coronapandemie führte zu einer Zwangspause des traditionsreichen Berliner Sechstagerennens, das im Laufe der Zeit viele Veränderungen erlebt hat. 2024 wurde das Rennen als Six Day Weekend durchgeführt und erfreute sich wieder großer Beliebtheit beim Publikum. Traditionell finden die Six Days Ende Januar statt.

VELODROM • Paul-Heyse-Straße 26, 10407 Berlin,
Tel.: 030-421 051 45, www.sixday.com

NIGHT OF THE JUMPS

Seit vielen Jahren schon findet in der Arena am Ostbahnhof in den Herbst- oder Wintermonaten die Night of the Jumps statt. Diese Veranstaltung verknüpft den Spitzensport der internationalen Freestyle Motocross Szene mit atemberaubenden Showelementen aus Pyro- und Lichttechnik. Zusätzlich können auch die Darbietungen der besten Mountainbike- und BMX-Rider bestaunt werden.

UBER ARENA • Uber-Platz, 10243 Berlin-Friedrichshain,
Tel.: 01806-999 00 00, www.nightofthejumps.com

WELLNESS

WELLNESS

Was sind die Wintermonate ohne ein wenig Balsam für die Seele in Form vom Ausspannen in Thermen, Saunen oder Spas. Berlin hat in diesem Bereich unterschiedlichste Angebote, von denen hier einige ausgewählte vorgestellt werden. Die aufgeführten Einrichtungen sind für alle zugänglich und es können jeweils auch Karten für eine bestimmte Zeit oder Tageskarten erworben werden, ohne dass eine Club-Mitgliedschaft Voraussetzung dafür ist.

VABALI SPA

Mitten in Moabit erstreckt sich über zwei Ebenen das balinesische Wellness-Resort Vabali Spa mit vielen Originalgegenständen aus Bali als Ort der Entspannung von Körper, Geist und Seele. 13 Saunen und Dampfbäder, mehrere Pools und Entspannungsbecken, der Saunagarten, Ruheräume, zwei Kaminzimmer sowie ein asiatisch-mediterranes Restaurant stehen allen zur Verfügung, die hier Entspannung suchen.

VABALI SPA • Seydlitzstraße 6, 10557 Berlin-Moabit,
Tel.: 030-911 48 60, www.vabali.de/berlin

LIQUIDROM

Ein besonderes Besuchserlebnis bietet diese urbane Spa-Lounge durch die Verbindung einer klaren und minimalistischen Architektursprache mit Licht, Musik und Wasser. In der Kuppelhalle mit einem 36 Grad warmen Salzwasserpool besteht die Möglichkeit, fast schwerelos durch den ruhigen und leicht abgedunkelten Raum zu gleiten und der Unterwassermusik zu lauschen. Zudem gibt es drei Saunen, ein Dampfbad, einen heißen Außenwasserpool, Massagen, Behandlungen (auch ayurvedische) und gastronomische Versorgung.

LIQUIDROM • Möckernstraße 10, 10963 Berlin-Kreuzberg,
Tel.: 030-258 007 820, www.liquidrom-berlin.de

Im Vabali Spa kann man wunderbar die Seele baumeln lassen.

Wie ein kleiner Urlaub: ein Besuch im Liquidrom

DAVID LLOYD MERIDIAN SPA

Der ausladende 40-Meter-Pool des David Lloyd Meridian Spa reicht bis auf die 600 Quadratmeter große Dachterrasse heraus. Finnische Saunen, Sanarium, Warmluftbäder (Evento, Aroma, Heu-Kräuter) und ein Dampfbad stehen bereit. Daneben gibt es außerdem ein Kalttauchbecken, ein Kneipp-Becken und -Fußbäder sowie eine Ruheempore und einen orientalischen Ruheraum. Massagen und Behandlungen können ebenfalls gebucht werden. Zudem gibt es einen Fitnessbereich mit zahlreichen Kursen.

DAVID LLOYD MERIDIAN SPA • Klosterstraße 3, 13581 Berlin-Spandau, Tel.: 040-658 90, www.meridianspa.de/de-de/clubs/berlin-spandau-arcaden

SPA DE ROME IM HOTEL DE ROME

Dieses luxuriöse Spa bietet im ehemaligen Tresorraum der Dresdener-Bank-Zentrale einen der längsten Hotelpools der Stadt. Die Blattgold-Mosaike an den Wänden erinnern an die Goldreserven der Bank. Nach dem Bad stehen Sauna und Dampfbad zur Verfügung. Für die Fitness sorgt ein entsprechendes Studio mit Kursen mit persönlicher Betreuung. Abrunden lässt sich der Besuch mit einem der angebotenen Behandlungsrituale.

SPA DE ROME IM HOTEL DE ROME • Behrenstraße 37, 10117 Berlin-Mitte, Tel.: 030-460 609 11 60, www.roccofortehotels.com/de/hotels-and-resorts/hotel-de-rome

SKY SPA & FITNESS LOUNGE IM STEIGENBERGER HOTEL AM KANZLERAMT

Modernes und funktionales Design erwartet die Besuchenden in der siebten Etage des Steigenberger Hotels. Drei Saunen (von 60 bis 90 Grad) sowie ein Dampfbad, Ruheräume und eine Außenterrasse stehen bei fairen Preisen zur Verfügung. Bei Bedarf können Massagen, Kosmetikbehandlungen, EMS und Personaltraining gebucht werden. Eine Fitnessarea mit Techno-Gym-Geräten ergänzt das Angebot.

SKY SPA & FITNESS LOUNGE • Ella-Trebe-Straße 5, 10557 Berlin-Moabit, Tel.: 030-740 743 888, www.sky-spa-fitnesslounge.de

HAMAM BERLIN FÜR FRAUEN

1988 bereits wurde das erste Hamam Deutschlands im Frauenzentrum Schokofabrik eröffnet. Hier treffen sich Frauen, Lesben, inter*, nichtbinäre, trans* und agender Personen (FLINTA*) unterschiedlichster kultureller Herkunft. Neben dem Hamam besteht die Möglichkeit, eine Sauna, eine Infrarot-Wärmekabine und den Innenhof zu nutzen. Darüber hinaus gibt es verschiedene Anwendungen und Massagen sowie Getränke und kleine Speisen.

HAMAM BERLIN • Das Türkische Bad für Frauen in der Schokofabrik, Mariannenstraße 6, Hof, 10997 Berlin-Kreuzberg, Tel.: 030-615 14 64, www.hamamberlin.de

FINNFLOAT SAUNAFLOSS DAY-SPA

Finnfloat verbindet finnische Saunawellness und skandinavische Spa-Kultur mit Abenteuer und Natur. Mit dem im modernen Saunadesign und mit Toilette ausgestatteten Saunafloß geht es mitten auf den Müggelsee. Ein Panoramafenster erlaubt das Eintauchen in die Natur. Verschiedene Spa-Anwendungen helfen, zu entspannen, und fördern das Wohlgefühl.

FINNFLOAT SAUNAFLOSS DAY-SPA • Müggelseedamm 237, 12587 Berlin-Friedrichshagen, Tel.: 0176-621 809 98, www.finnfloat.de

COWSHED RELAX SPA SOHO HOUSE

Entschleunigung im Herzen Berlins ist im Soho House möglich. Dafür stehen Sauna, Dampfbad, ein traditionelles Hamam mit Brunnen, Entspannungsinseln und verschiedene Ruheräume zur Verfügung. Fünf Mani-Pedi-Stühle sowie separate Räumlichkeiten für verschiedene Behandlungen sind ebenfalls vorhanden. Auch ein Fitness-Studio kann genutzt werden.

COWSHED RELAX SPA SOHO HOUSE • Torstraße 1, 10119 Berlin-Prenzlauer Berg, Tel.: 030-405 044 130, www.cowshed.com/spa/locations/berlin

TRANXX SCHWEBEBAD UND MASSAGEWELT

Dem Stress entfliehen, ein paar Stunden in Ruhe und Stille verbringen und dem Körper Gutes tun. Dies ist die Idee des Floating in 25-prozentiger Sole, in welcher der Körper schwebt. Je nach Wunsch kann in Stille oder mit sanfter Musik sowie einzeln oder zu zweit gefloatet und Gesundheitsprävention betrieben werden. Danach kann in der Relax-Lounge weiter entspannt werden. Auch verschiedene Massageanwendungen sind möglich.

TRANXX SCHWEBEBAD UND MASSAGEWELT • Akazienstraße 27/28, 10823 Berlin-Schönberg, Tel.: 030-789 572 80, www.tranxx.de

Das Finnfloat Saunafloß Day-Spa macht aus jedem Wintertag ein unvergessliches Erlebnis.

ESSEN UND
TRINKEN

RESTAURANTS UND BARS

Berlin hat einige Restaurants, die Herz und Magen wärmen, wenn draußen das Grau über der Stadt hängt. Einige von ihnen haben einen Kamin, andere sind besonders kuschelig - oder eisig.

BERLIN ICEBAR

Menschen, denen es im Winter draußen gar nicht kalt genug sein kann, werden sich in der Eisbar pudelwohl fühlen. Hier können sie sogar die Geschichte der deutschen Eisexpedition von 1869 nachvollziehen. Der Kapitän holt die Gäste in der Taverne ab und geleitet sie in die Icebar, in der kalte –10 Grad herrschen und in der ein Aufenthalt von bis zu 20 Minuten möglich ist. Die Getränke werden in Gläsern aus Eis serviert. Aus 40 Tonnen Eis haben bildnerisch Gestaltende die komplette Inneneinrichtung und als besondere Attraktivität auch ein Schiffswrack aus Eis geschaffen. Die Berlin Icebar ist barrierefrei.

**BERLIN ICEBAR • Spandauer Straße 2, 10178 Berlin-Mitte,
Tel.: 030-234 970 28, www.berlinicebar.com**

RESTAURANT PATIO

Seit 2007 liegt das 2017 umgebaute und erweiterte Restaurantschiff in der Spree und schafft mit seinen Ausblicken auf das Wasser durch die Panoramascheiben ein Gefühl des Kurzurlaubs mit Fine-Dining-Küche. Im Unterdeck, unterhalb der Wasserlinie, gibt es einen Lounge-/Tanzbereich mit Kaminofen und stimmungsvollen Bullaugen, in denen sich Aquarien befinden.

**RESTAURANT PATIO • Kirchstraße 13a, 10557 Berlin-Moabit,
Tel.: 030-403 017 00, www.restaurant.patio-berlin.de**

Wer es gerne noch kälter mag, für den ist ein Besuch in der Berlin Icebar genau richtig.

RESTAURANT SCHNEEWEISS

Das Restaurant bietet alpenländisches Flair mit entsprechender Küche; die Einrichtung ist in Schneeweiß gehalten. Einen Kontrast hierzu bietet der Kamin. Bekannt ist das Restaurant für sein Brunch-Büfett: herzhafte und süße Klassiker der Alpenküche, aber auch ausgefallenere gehobene Speisen.

RESTAURANT SCHNEEWEISS • Simplonstraße 16, 10245 Berlin-Friedrichshain, Tel.: 030-290 497 04, www.schneeweiss-berlin.de

RESTAURANT FÜNF & SECHZIG

Um den Kamin herum sind gemütliche Ledersessel und Sofas gruppiert. Wer möchte, kann hier morgens den Tag mit dem Frühstück beginnen, das Angebot der Mittagskarte ausprobieren, den selbstgebackenen Kuchen kosten, ein Abendessen zu sich nehmen und den Tag mit einem Cocktail ausklingen lassen. Die Küche ist international ausgerichtet und bietet von Fleisch über Fisch bis zu Vegetarischem eine große Bandbreite.

FÜNF&SECHZIG • Kiautschoustraße 12a/Torfstraße 9, 13335 Berlin-Wedding, Tel.: 030-306 060 00, www.restaurant65.de

MUTTER LUSTIG

Benannt nach der Begründerin der ersten Lohnwäscherei in Köpenick, Henriette Lustig, bietet das am Wasser stehende Restaurant neben dem Schloss im Winter knisterndes Kaminfeuer. Von November bis März gibt es hier eine romantische und kuschelige Winterhütte, die zu entsprechenden Speisen und raffinierten Wintergetränken einlädt.

MUTTER LUSTIG • Müggelheimer Straße 1, 12555 Berlin-Köpenick,
Tel.: 030-640 948 84, www.mutter-lustig.berlin

CHÂLET SUISSE

Das einem Schweizer Haus nachempfundene Restaurant kombiniert eine moderne deutsche Küche mit schweizerischem Profil. Im Winter lodert hier das Feuer im Kamin und Feuerschalen wärmen vor dem Haus. Auch der Biergarten ist geöffnet und bietet in der kalten Jahreszeit warme Eintöpfe, Glühwein und heiße Schokolade an.

CHÂLET SUISSE • Im Jagen 5/Clayallee 99, 14195 Berlin-Dahlem,
Tel.: 030-832 63 62, www.chalet-suisse.de

Gemütliche Winterabende im Restaurant »Mutter Lustig«

In mehreren Berliner Restaurants prasselt im Winter ein Kaminfeuer.

SAGE

Viele kennen den Sage-Beach-Club. Aber auch im Winter hat Sage mit seinem Spirit der Berliner Clubszene einiges zu bieten. Da wird u. a. die Kaminlounge zum Hotspot für gutes Essen, liebevolle Drinks und Sound. In einem alten Backsteingebäude mit industriellem Charme, modernem Design und Kunstinstallationen, direkt an der Spree gelegen, trifft kulturelle Vielfalt auf eine internationale Barkultur.

SAGE • Köpenicker Straße 18–20, 10997 Berlin-Kreuzberg, Tel.: 030-921 001 660, www.sageberlin.com

KAMINBAR IM HOTEL ODERBERGER

In einer ehemaligen Volksbadeanstalt befindet sich inzwischen das Hotel Oderberger. Im Erdgeschoss wurde im früheren Damen-Wartebereich der Badeanstalt ein großer Raum neu gestaltet, der heute eine gemütliche Bar mit einem aus alten Steinen des Gebäudes gestalteten massiven Kamin ist. Hier besteht die Möglichkeit, handverlesene Weine und Spirituosen an den züngelnden Flammen des Kaminfeuers zu genießen.

HOTEL ODERBERGER • Oderberger Straße 57, 12435 Berlin-Prenzlauer Berg, Tel.: 030-780 089 760, www.hotel-oderberger.berlin/restaurants

TEE

Einen guten Tee zu bekommen, ist gar nicht so leicht – noch dazu in einem besonderen Ambiente. Deshalb wird hier eine Auswahl an interessanten Orten vorgestellt, an denen beides miteinander kombiniert ist.

CHÉN CHÈ

Im Teehaus Chén Chè wird ein Teil der 800 Jahre alten Teekultur Vietnams gepflegt. Es gibt eine reiche Auswahl an grünen Teesorten, bei deren Zubereitung großer Wert auf Tradition gelegt wird. So wird z. B. der Ingwertee zur vollen Nutzung aller Wirkstoffe stundenlang gebrüht oder der Blau-Butterflyblütentee mit Reismilch und auf Wunsch auch mit hausgemachtem Longan-Sirup verfeinert. Am Nachmittag gibt es die Teestunde nach vietnamesischer Sitte mit Tee und Gebäck. Darüber hinaus besteht die Möglichkeit, an einer Teezeremonie teilzunehmen.

CHÉN CHÈ • Rosenthaler Straße 13, 10119 Berlin-Mitte,
Tel.: 030-288 842 82, www.chenche-berlin.de

TADSHIKISCHE TEESTUBE

Die original gestaltete Teestube ist mit traditionellen Sitzkissen an flachen Tischen zwischen handgeschnitzten Sandelholzsäulen ausgestattet. In Tadschikistan waren und sind die beliebten Teestuben ein wichtiger und geselliger Kommunikationsort. Die vielfältigen Tees werden nach überlieferter Art zubereitet. Zudem gibt es verschiedene größere und kleinere Speisenangebote aus der Region.

TADSHIKISCHE TEESTUBE – DAS KUNSTHOF RESTAURANT • Oranienburger Straße 27, 10117 Berlin-Mitte, Tel.: 030-204 11 12, www.tadshikische-teestube.de

Die Tadshikische Teestube lässt jede Tasse Tee
zu einem ganz besonderen Genuss werden.

AFTERNOON TEA / TEEZEREMONIEN

An verschiedenen Orten Berlins wird die englische Tradition der nachmittäglichen Teezeremonien zelebriert. Zum Ritual des Teetrinkens gehören Kleinigkeiten zum Essen wie z. B. Scones, Sandwiches oder auch Petit Fours. Es gibt sie in Form des reichhaltigen High Tea oder des Cream Tea nur mit Scones und Clotted Cream. Bei der Teatime lässt sich gut dem Winter trotzen.

WALDORF ASTORIA HOTEL • Hardenbergstraße 28, 10623 Berlin-Charlottenburg,
Tel.: 030-814 00 00, www.waldorfastoriaberlin.de

THE RITZ-CARLTON • Potsdamer Platz 3, 10785 Berlin-Tiergarten,
Tel.: 030-337 777, www.ritzcarlton.com/de/hotels/berzt-the-ritz-carlton-berlin/overview

HOTEL DE ROME • Behrenstraße 37, 10117 Berlin-Mitte,
Tel.: 030-460 60 90, www.roccofortehotels.com/de/hotels-and-resorts/hotel-de-rome

HOTEL ADLON • Unter den Linden 77, 10117 Berlin-Mitte,
Tel.: 030-226 10, www.kempinski.com/de/hotel-adlon

TEEHAUS IM ENGLISCHEN GARTEN • Altonaer Straße 2, 10557 Berlin-Tiergarten,
Tel.: 030-394 804 00, www.das-teehaus.berlin

TEE TEA THÉ • Goltzstraße 2, 10781 Berlin-Schönberg,
Tel.: 030-217 522 40, www.teeteathe.de

WILDE MATILDE • Rathausstraße 23, 10178 Berlin-Mitte,
Tel.: 030-540 834 22, www.wildematilde.de

CAFÉS

Cafés gibt es viele in Berlin. Im Winter einen warmen Kaffee oder eine Heiße Schokolade zu trinken, erwärmt nicht nur den Körper, sondern auch das Gemüt. Wenn es draußen kalt und ungemütlich ist, ist es besonders schön, in einem warmen Café zu sitzen und dabei in einem Buch zu schmökern. Deshalb werden hier einige solcher Orte vorgestellt.

ANTIQUARIAT HENNWACK

Berlins größtes Antiquariat umfasst auf 1300 Quadratmetern ca. 400 000 antiquarische Bücher aus fast allen Fachgebieten sowie Grafiken, Karten und Noten. Eine Besonderheit stellen die Spezialabteilungen Judaica und Orientalistik dar. Das kleine angegliederte Café bietet neben Getränken selbstgebackenen Kuchen und Snacks an.

ANTIQUARIAT HENNWACK • Albrechtstraße 111, 12167 Berlin-Steglitz, Tel.: 030-516 551 09, www.hennwack.com

BUCHKANTINE

Seit 2005 gibt es die Buchkantine, die neben leckeren Getränken mehr als 8000 Titel anbietet. Hier ist das Schmökern und Verweilen erwünscht. Da passt es hervorragend, dass es einen großzügigen Cafébereich gibt; ein separater Raum lädt Kinder zum Spielen ein. Im Café gibt es nicht nur guten Kuchen und Torten, sondern auch Quiches, Suppen und andere Backwaren. Angeschlossen ist zudem ein Feinkostladen.

BUCHKANTINE • Dortmunder Straße 1, 10555 Berlin-Moabit, Tel.: 030-948 837 28, www.buchkantine.de

Schmökern, shoppen, genießen und spielen: All das ist möglich in der Buchkantine.

Das Café BilderBuch lädt regelmäßig auch zu Konzerten ein.

CAFÉ BILDERBUCH

Das Interieur des Cafés besteht aus zusammengesuchten Sofas und Sesseln mit dazu passenden Tischen, die dem Ambiente eine Wohnzimmeratmosphäre verleihen. Die Wände schmücken ausgestellte Bilder und Regale, deren Bücher zum Schmökern und Blättern einladen. Aber auch klassische Kaffeehausbestuhlung ist vorhanden. Für das leibliche Wohl sorgen die beliebten Frühstücksangebote, aber auch Snacks, Mittagsgerichte, Eis und Kuchen. Mittwochs gibt es Konzerte, überwiegend Jazz.

CAFÉ BILDERBUCH • Akazienstraße 28, 10823 Berlin-Schöneberg, Tel.: 030-787 060 57, www.cafe-bilderbuch.de

CAFÉ TASSO – DAS ANDERE ANTIQUARIAT

Im Café Tasso erwartet Sie ein biozertifiziertes Café/Restaurant mit Antiquariat. Der Integrationsbetrieb bietet Frühstücke, Mittagsgerichte und selbstgemachte Kuchen an. Alle gebrauchten Bücher können vor Ort gelesen oder für kleines Geld mit nach Hause genommen werden. Abends verwandelt sich das Café in einen Kulturveranstaltungsort mit Konzerten, Theater, Lesungen und Ausstellungen.

CAFÉ TASSO – DAS ANDERE ANTIQUARIAT • Frankfurter Allee 11, 10247 Berlin-Friedrichshain, Tel.: 030-486 247 08, www.cafe-tasso.de

LESEGLÜCK

LeseGlück ist das literarische Wohnzimmer des Kiezes: Bücher entdecken, in diesen schmökern und dabei entspannt Kaffee trinken. Ein Ort des Wohlfühlens sollte es werden und wurde es. Neben dem Buchverkauf und Café-Angeboten gibt es auch Lesungen, Filmabende sowie Konzerte und als Besonderheit das Bookdinner. Seit 2007 besteht dieser besondere Ort.

LESEGLÜCK • Ohlauer Straße 37, 10999 Berlin-Kreuzberg, Tel.: 030-325 186 41, www.leseglueck-berlin.de

Sich aufwärmen, genießen und dabei lesen kann man im Café Tasso.

LITERATURCAFÉ DER AUTORENBUCHHANDLUNG

Mitte der 1970er Jahre etablierten sich in Deutschland Autorenbuchhandlungen, die Literatur als Kunst einen Ort abseits des Mainstreams des Buchhandels bieten wollten. Bis heute möchte man politisch alphabetisieren, aufklären und unterhalten. Unter den stimmungsvollen Charlottenburger Stadtbahn-Bogen befindet sich das Lesecafé, das gleichzeitig auch Ort zahlreicher Literaturveranstaltungen und Galerie ist.

LITERATURCAFÉ DER AUTORENBUCHHANDLUNG • Else-Ury-Bogen 599–601, 10623 Berlin-Charlottenburg, Tel.: 030-313 01 51, www.autorenbuchhandlung.com

MORGENSTERN – ANTIQUARIAT UND CAFÉ

Der Inklusionsbetrieb wird unter dem Slogan »Von Buchliebhabenden für Buchliebhabende« seit 2011 als Antiquariat und Café nur wenige Gehminuten vom Rathaus Steglitz entfernt betrieben. Im Café sind Kaffeespezialitäten, alkoholfreie und alkoholhaltige Getränke und kleine Snacks zu bekommen. Neben Kunstausstellungen finden auch regelmäßig Lesungen statt.

MORGENSTERN – ANTIQUARIAT UND CAFÉ • Schützenstraße 54, 12165 Berlin-Steglitz, Tel.: 030-889 440 11, www.morgenstern-berlin.de

SHAKESPEARE AND SONS

Im Buchladen Shakespeare and Sons gibt es in großer Auswahl Bücher in englischer und auch in französischer Originalsprache. Zudem liegen englischsprachige Zeitungen zum Lesen aus. Angeschlossen an den Buchladen ist das Café Fine Bagels, in dem neben Getränken auch Suppen, verschiedene Kuchen und natürlich Bagels in vielen verschiedenen Variationen angeboten werden.

SHAKESPEARE AND SONS • Warschauer Straße 74, 10243 Berlin-Friedrichshain, www.shakespeareandsons.com

SHE SAID

She said ist eine Buchhandlung für weibliche und queere schriftstellerisch Tätige. Es ist der erste Buchladen, in dem ausschließlich Literatur dieser Art angeboten wird. Die Buchhandlung versteht sich als Community-Ort und veranstaltet Lesungen und Diskussionsrunden. Dazu gibt es verschiedene Kaffeespezialitäten.

SHE SAID • Kottbusser Damm 79, 10967 Berlin-Neukölln, Tel.: 030-279 999 55, www.shesaid.de

WINTER-, ADVENTS- UND

WEIHNACHTS-MÄRKTE

WINTER-, ADVENTS- UND WEIHNACHTSMÄRKTE

Berlin gilt als Hauptstadt der Weihnachtsmärkte. Die klassischen und weit über die Stadtgrenzen hinaus bekannten über 100 Weihnachtsmärkte sind deshalb hier nicht aufgeführt. Lassen Sie sich hier von einer Auswahl an eher untypischen oder weniger bekannten Veranstaltungen inspirieren, die weit über Glühwein- und Bratwurstduft hinaus gehen – auch wenn ganz klassische Weihnachtsmärkte hier natürlich auch nicht fehlen.

ADVENTSMARKT ÖKOWERK

Der Adventsmarkt im Ökowerk lädt zu einem besinnlichen Besuch in der Vorweihnachtszeit mitten im Grunewald ein. Nachhaltigkeit steht im Zentrum und in Abgrenzung zu kommerziellen Weihnachtsmärkten werden hier Naturprodukte und biologische sowie faire Weihnachtsleckereien offeriert. Für Kinder und Bastelbegeisterte gibt es ein weihnachtliches Angebot mit Naturmaterialien (nach Anmeldung).

NATURSCHUTZZENTRUM ÖKOWERK BERLIN E. V. • Teufelsseechaussee 22, 14193 Berlin-Grunewald, Tel.: 030-300 00 50, www.oekowerk.de

ADVENTSZAUBER NATUR PARK SÜDGELÄNDE

An den ersten beiden Adventswochenenden lädt der Adventszauber Weihnachtsmarkt im Natur Park Südgelände zum stimmungsvollen Besuch des Parkes mit Lichterzauber, Leuchtgestalten, Soundinstallationen und Musik ein. Ein Kerzenlabyrinth kann durch mitgebrachte Kerzen der Besuchenden mitgestaltet werden. Außerdem gibt es Floristikangebote, bei denen eigene Kränze gebunden werden können, und Stände mit weihnachtlichen Verkaufsartikeln und Märchenerzählungen.

ADVENTSZAUBER • Hauptzugang direkt am S-Bahnhof Priesterweg (südlicher Ausgang) • 12157 Berlin-Schöneberg, Tel.: 030-700 906 710, www.gruen-berlin.de/projekte/parks/suedgelaende

BERLIN

Festliche Beleuchtung im Botanischen Garten beim Christmas Garden

CHRISTMAS AVENUE – LGBTQIA*-WEIHNACHTSMARKT

In der Adventszeit findet seit einigen Jahren unter der Hochbahnstrecke am Nollendorfplatz die Christmas Avenue statt. Dieser LGBTQIA*-Weihnachtsmarkt ist inzwischen ein beliebter Treffpunkt in der Vorweihnachtszeit nicht nur für die Community, sondern für alle geworden. Die Community präsentiert sich hier in ihrer ganzen Farbenpracht und trägt mit Musik-Highlights, dem Gastrokonzept mit Glühweinbar, guter Stimmung und Unterhaltung zur lebendigen Vielfalt Berlins bei.

CHRISTMAS AVENUE • Nollendorfplatz, 10777 Berlin-Schöneberg, www.christmas-avenue.berlin

CHRISTMAS GARDEN

Der von Mitte November bis Mitte Januar geöffnete Christmas Garden findet seit 2016 im Botanischen Garten statt. Ein rund zwei Kilometer langer beleuchteter Rundweg mit beeindruckenden Lichtinstallationen versetzt Besuchende in ein winterliches Märchenland. Die weihnachtlichen Lichtertänze mit funkelnden Sternen und Soundtracks entführen beim Flanieren in eine magische Weihnachtsstimmung.

CHRISTMAS GARDEN • Königin-Luise-Straße 6 – 8, 14195 Berlin-Lichterfelde, www.christmas-garden.de

HEISSA HOLZMARKT

Das alternative Kreativ-Projekt Kunstschaffender am Spreeufer lädt zu einem originellen Weihnachtsmarkt ein. Ein breites Angebot handwerklich hergestellter Waren und auch Kunst werden offeriert. An kulinarischen Genüssen sind eine Vielzahl internationaler Gerichte, frisch gebackene Süßigkeiten sowie jahreszeitliche Getränke im Angebot. Für Kinder gibt es einen Indoorspielplatz, Mitmachzirkus, Keksback-Workshop und es werden Märchen erzählt.

HEISSA HOLZMARKT • Holzmarktstraße 25, 10243 Berlin-Friedrichshain, Tel.: 030-473 616 86, www.holzmarkt.com

HISTORISCHER WEIHNACHTSMARKT AUF DEM RAW-GELÄNDE

Mitten in Berlin lässt sich auf dem RAW-Gelände in der Vorweihnachtszeit mittelalterliches Flair genießen. Angeboten werden kunsthandwerklich hergestellte Geschenke, deftige Speisen und süße Gaumengenüsse sowie warme Getränke in Schenken. Gaukler, Jongleure, Akrobaten, Feuershows und historische Musik verzaubern das Publikum und es gibt verschiedene Mitmachaktionen für Jung und Alt.

HISTORISCHE WEIHNACHT • RAW-Gelände, Revaler Straße 99, Eingang Dirschauer Straße, 10245 Berlin-Friedrichshain, www.carnica-spectaculi.de/veranstaltung/4-historische-weihnacht/

KUNST TRIFFT HANDWERK AM MEXIKOPLATZ

An den ersten drei Adventssonntagen finden sich Ausstellende aus den Bereichen Kunst, Design und Kunsthandwerk am Mexikoplatz ein. Im stimmungsvollen Ambiente an einem der schönsten Jugendstil Bahnhofsbauten Berlins präsentieren sich kleine Ateliers und Werkstätten, die handgefertigte Unikate in Kleinserien anbieten. Vertreten sind Holzprodukte, Malerei, Textildesign, Schmuck, Skulpturen sowie Glasobjekte, Keramik und Porzellan.

KUNST TRIFFT HANDWERK AM MEXIKOPLATZ • Mexikoplatz, 14163 Berlin-Zehlendorf, Tel.: 030-406 370 31, www.kunsthand-berlin.de

Traditionell geht es zu auf dem historischen Weihnachtsmarkt auf dem RAW-Gelände.

NORDISCHE MÄRCHENWEIHNACHT

An den ersten drei Adventswochenenden verwandelt sich der Gutshof Britz in ein nordisches Märchenland mit allerlei Spektakel und Feuerstellen. Das Wandertheater »Cocolorus Budenzauber« gestaltet den historischen Gutshof in eine weihnachtlich-nordische Abenteuerwelt um. Die Schneekönigin, Frau Holle sowie Trolle sind hier ebenso anzutreffen wie Wintergeister und wundersame Gestalten. Nordisch-weihnachtliche Vergnügungen, Verkaufsstände, Theaterwagen, Märchenzelt, ein Wikingerschiff und typische nordische und mittelalterliche Verköstigungen warten auf Besuchende.

NORDISCHE MÄRCHENWEIHNACHT • Gutshof Britz, Alt-Britz 81, 12359 Berlin-Britz, Tel.: 030-609 792 30, www. schloss-gutshof-britz.de

WEIHNACHTEN IM TIERPARK

Seit 2019 verwandelt »Weihnachten im Tierpark« von Mitte November bis Mitte Januar das weitläufige Areal durch Illuminationen in ein Lichterwunderland. Ein rund zwei Kilometer langer Rundweg führt durch den Landschafts-Tierpark sowie rund um das Schloss Friedrichsfelde.

WEIHNACHTEN IM TIERPARK • Am Tierpark 125, 10319 Berlin-Friedrichsfelde, www.weihnachten-im-tierpark.de

WEIHNACHTSRODEO – INDOOR-WEIHNACHTSMARKT

Weihnachtsrodeo ist ein vorweihnachtlicher Designmarkt mit ca. 300 Ausstellenden und versteht sich als Alternative zu den traditionellen Weihnachtsmärkten. Der Indoor-Weihnachtsmarkt bietet überwiegend Angebote aus den Bereichen Fashion und Produktdesign an. In einem ausgewogenen Mix aus urbanem Lebensgefühl und festlicher Atmosphäre können hier originelle und unkonventionelle Geschenkideen erworben, das leibliche Wohl mit Streetfood gestärkt und in Workshops die eigene Kreativität erweitert werden. Die Angebote sind breit gestreut und richten sich an Besuchende jeden Alters.

WEIHNACHTSRODEO • Colosseum, Schönhauser Allee 123, 10437 Berlin-Prenzlauer Berg, Tel.: 030-921 095 624, www.weihnachtsrodeo.de

Auch der Tierpark putzt sich in der Vorweihnachtszeit festlich heraus.

WEIHNACHTSZAUBER STRANDBAD WENDENSCHLOSS

In der Advents- und Weihnachtszeit verwandelt sich das Köpenicker Strandbad an den Wochenenden und Feiertagen in eine festliche Weihnachtswelt. An geschmückten Ständen wird Kulinarisches ebenso wie warme Getränke angeboten, Lagerfeuer sorgen für eine romantische Atmosphäre und eine Eisfläche lädt zum Schlittschuhlaufen und Eisstockschießen ein. Zudem gibt es winterliche Spiele und weihnachtliches Karaoke-Singen. Ein besonderes Highlight sind die halbstündigen Glühweinfahrten auf einem kaminbeheizten Floß auf der Dahme.

STRANDBAD WENDENSCHLOSS • Möllhausenufer 30, 12557 Berlin-Köpenick, Tel.: 030-845 189 07, www.strandbad-wendenschloss.berlin

WINTERABENDE AM WANNSEE

Die Liebermannvilla am Wannsee lädt im Dezember und Januar zu exklusiven Winterabenden ein. Auf dem beleuchteten Birkenweg geht es durch den Park zum Steg am Ufer des Wannsees, auf dem ein Glühwein eingenommen werden kann. Danach besteht die Möglichkeit im Shop zu stöbern, die Ausstellung mit Werken von Max Liebermann zu besichtigen und im Café Max den Abend mit winterlichen Köstlichkeiten zu beenden.

LIEBERMANN-VILLA AM WANNSEE • Colomierstraße 3, 14109 Berlin-Wannsee, Tel.: 030-805 859 00, www.liebermann-villa.de

Beim Weihnachtszauber im Strandbad Wendenschloss kommt Vorfreude auf Weihnachten auf.

Feuerzangenbowle zum zweifachen Genießen gibt es alljährlich im Nikolaiviertel.

WINTER-FILMFEST IM NIKOLAIVIERTEL

Von Ende November bis Neujahr gibt es im Nikolaiviertel ein Open-Air-Filmfestival, bei dem nur ein einziger Film gezeigt wird. Zwischen den Weihnachtsmarktbuden um die Nikolaikirche herum werden Sessel und Sofas aufgestellt und dreimal am Tag ist dort der legendäre Film »Die Feuerzangenbowle« mit Heinz Rühmann zu sehen. Dazu kann selbstverständlich das namensgebende Getränk konsumiert werden. Personen mit dem Nachnamen Pfeiffer, die also so heißen wie der legendäre Protagonist, bekommen stündlich eine Feuerzangenbowle kostenlos. Am Wochenende gibt es um 14 Uhr die »Flimmerstunde für Familien« mit Kinderfilmen. Der Eintritt ist frei.

WINTER-FILMFESTIVAL • Nikolaikirchplatz, 10178 Berlin-Mitte, Tel.: 030-212 221 92, www.feuerzangenbowle.berlin

WINTERLEBEN IM MUSEUMSDORF DÜPPEL

Einmal im Jahr bietet sich die Möglichkeit, den winterlichen Alltag zu erleben, wie er sich um das Jahr 1200 herum gestaltet hat. An einem historischen Siedlungsort ist das detailgetreu nachgebaute Museumsdorf Düppel mit Wohnhäusern, Speichern, Werkstätten, Feldern, Gärten und historischen Nutztierrassen entstanden. An diesem international bekannten Ort experimenteller Archäologie lässt sich lebendige Geschichte hautnah erleben, nicht zuletzt durch die vielen Mittelalterbegeisterten, die dort vor allem am Wochenende in mittelalterlicher Kleidung den Beschäftigungen unserer Vorfahren an diesem Ort vor etwa 1000 Jahren nachgehen.

MUSEUMSDORF DÜPPEL • Clauertstraße 11, 14163 Berlin-Nikolassee, Tel.: 030-240 021 62, www.stadtmuseum.de/museum/museumsdorf-dueppel

WINTERWELT GRÜNAU

Von November bis Februar findet im Strandbad Grünau die glitzernde Winterwelt statt. In der Wintersaison laden gemütliche Winterhütten zum Aufwärmen bei heißen Getränken ein, es gibt Indoor- und Outdoor-Spielplätze für die Kleinen. Diese können am Lagerfeuer auch ihr Stockbrot backen. Für die Erwachsenen gibt es ein größeres Speisenangebot. Eine 25 Meter lange Rodelbahn und eine 1000 m² große Eislauffläche laden zu sportlicher Betätigung ein.

STRANDBAD GRÜNAU • Sportpromenade 9, 12527 Berlin-Grünau, Tel.: 030-984 094 32, www.strandbadgruenau.de

WEIHNACHTS-
SINGEN

WEIHNACHTSSINGEN

Es gibt zahlreiche Möglichkeiten in Berlin, um sich beim gemeinsamen Singen in Weihnachtsstimmung zu versetzen. Die meisten Weihnachtssingen finden in geschlossenen Räumen statt, doch auch draußen unter dem Sternenhimmel und beim Schein von Kerzen oder an wärmenden Feuerstellen ist das vorweihnachtliche Gemeinschaftserlebnis möglich. Im Folgenden werden einige Orte vorgestellt.

ADVENTSSINGEN IM KULTURFORUM

Gemeinsam mit den Blechbläserspielenden der Karajan-Akademie, dem Mitarbeitendenchor der Berliner Philharmoniker und den Vokalhelden findet an einem Sonnabendnachmittag in der Adventszeit ein gemeinsames Adventssingen statt, das von den Blechbläserspielenden vom Turm der St. Matthäus-Kirche aus eingeläutet wird. Es werden traditionelle und moderne Lieder angestimmt. Zudem werden Glühwein, Kinderpunsch und Leckereien angeboten und adventliche Texte gelesen.

BAUMSCHULE AM KULTURFORUM • Matthäikirchplatz, 10785 Berlin-Tiergarten, www.baumschule-kulturforum.de

WEIHNACHTSSINGEN BEIM 1. FC UNION

2003 trafen sich erstmals 89 »Verrückte« mit Glühwein und Gebäck an der Mittellinie »halblegal« zum Weihnachtsliedersingen. Seitdem wächst die Zahl der Singenden ständig an. Das schon zur Tradition gewordene generations- und vereinsübergreifende Event lockt jedes Jahr Tausende in das Stadion an der Alten Försterei. Unterstützt von einem Schulchor, einem Pfarrer und einer kleinen Bläsergruppe werden bei Kerzenschein gemeinsam Weihnachtslieder gesungen.

1. FC UNION BERLIN E. V. • An der Wuhlheide 263, 12555 Berlin-Köpenick, Tel.: 030-656 688 100, www.fc-union-berlin.de

Das Weihnachtssingen beim 1. FC Union füllt das gesamte Stadion an der Alten Försterei.

WEIHNACHTLICHES MÜGGELSEESINGEN

Kurz vor Heiligabend findet am Strand des Müggelsees das gemeinsame Weihnachtsliedersingen beim romantischen Schein wärmender Feuertonnen statt. Untermalt wird das Singen von einer Musikgruppe. Zur Stärkung stehen ein Imbiss und eine Bar zur Verfügung. Der symbolische Eintritt wird einem guten Zweck zugeführt.

SEEBAD FRIEDRICHSHAGEN • Müggelseedamm 216, 12587 Berlin-Friedrichshagen, Tel.: 030-645 57 56, www.eisbahn-berlin.de

WEIHNACHTSSINGEN VOR DEM RATHAUS SCHÖNBERG

Alljährlich wird am Heiligabend um 16 Uhr zum gemeinsamen Weihnachtssingen vor das Rathaus Schönberg eingeladen. Auf dem John-F.-Kennedy-Platz können alle mit einstimmen und mit musikalischer Unterstützung Weihnachtslieder singen. Den Abschluss bildet das Lied »Stille Nacht, heilige Nacht«, zu dem traditionell die Freiheitsglocke läutet.

RATHAUS SCHÖNEBERG • John-F.-Kennedy-Platz, 10825 Berlin-Schöneberg, Tel.: 030-902 776 527, www.berlin.de/ba-tempelhof-schoeneberg

BEWEGUNG AN DER FRISCHEN LUFT

WINTERSPAZIERGÄNGE

Das weitläufige Stadtgebiet Berlins mit seinen vielen Parks und Wäldern bietet eine große Auswahl an Spazierwegen. Nachfolgend sind einige schöne Wege für winterliche Ausflüge am Rande der bebauten Stadt, aber auch im zentralen Bereich der Stadt beschrieben. Die Ausgangs- und Endorte sind auch gut mit öffentlichen Verkehrsmitteln zu erreichen.

Ein Spaziergang am Tegeler Fließ ist auch im Winter wunderschön.

DURCHS TEGELER FLIESSTAL

Dieser schöne Spaziergang startet am S-Bahnhof Waidmannslust. Zunächst geht es links über den Waidmannsluster Damm und dann rechts in die Artemisstraße einbiegend bis zur Dianastraße. Hier ist auch schon das Tegeler Fließtal erreicht. Das Tegeler Fließ entspringt nordöstlich Berlins im Bereich des Mühlenbecker Sees. Es erstreckt sich über eine Gesamtlänge von 30,5 Kilometern, davon rund zehn Kilometer auf Berliner Gebiet, und mündet in den Tegeler See. Unter der Bahnbrücke hindurch führt der Weg zur vielbefahrenen Berliner Straße, die vorsichtig überquert werden muss. Links in der Kurve führt der Weg wieder zurück ins Fließtal. Rechts einbiegend geht es weiter entlang des Gewässers bis zum Hermsdorfer See. Der See ist heute 110 Meter breit und 650 Meter lang und hat zwei kleine Inseln (Kleiner und Großer Werder). Der früher wesentlich größere See ist im Laufe der Zeit verlandet. Er diente den in Hermsdorf und Lübars lebenden Menschen in alten Zeiten als Nahrungsquelle (Fische) und Lieferant von Baumaterial (Schilfrohr). In den verlandeten Bereichen haben sich Feuchtbiotope mit einer zauberhaften Fauna und Flora angesiedelt. Der Weg führt weiter, die Straße Am Freibad überquerend, entlang der Kleingartenanlage Wiesenblick. Links weicht der Eichwerdersteg ab. Dieser Holzsteg führt quer durch das Fließtal und wurde vom Naturschutzbund zu einem Naturlehrpfad mit 50 Tafeln gestaltet, der die einzigartige Tier- und Pflanzenwelt des Tegeler Fließtals in Wort und Bild darstellt. Hier nun muss entschieden werden, wie es weitergehen soll:

Entweder nimmt man auf der anderen Seite des Fließtales den Weg zurück entlang der Bebauung, vorbei am alten Torfstich bis zur Berliner Straße, wo das Hermsdorfer Brauhaus müde Wandernde empfängt. Bis dorthin sind es ca. fünf Kilometer. Nach einer Stärkung geht es von hier aus über die Berliner Straße und den Waidmannsluster Damm wieder zum S-Bahnhof. Diese Strecke ist etwa 1,5 Kilometer lang.

Oder man entscheidet sich, auf der gleichen Seite des Fließtales weiter über die Feldwege der offenen Wiesen mit einem weiten Blick über die winterliche Landschaft bis zum Dorf Lübars zu gehen. Dort besteht u. a. die Möglichkeit zur Einkehr in den Alten Dorfkrug Lübars. Bis dorthin sind es etwa 4,7 Kilometer (inklusive Eichwerdersteg). Ein Bus fährt zurück zum S-Bahnhof Waidmannslust.

DURCHS WUHLETAL

Vom S-Bahnhof Ahrensfelde wird über die Havemannstraße an der Ecke Kemberger Straße das Wuhletal erreicht. Der hier stehende Wuhletalwächter besteht aus beim Rückbau von Häusern aufgeschichteten Betonplatten der Balkone und ist ein beliebter Kletterturm. Der Weg führt nach Süden in Richtung Ahrensfelder Berg (114 Meter hoch mit schöner Aussicht in die Barnimer Feldmark) und überquert die Neue Wuhle. Diese wurde bis 2002 als Vorfluter des Klärwerkes Falkenberg genutzt. Nach der Schließung erfolgte die Renaturierung des Wuhletals mit dem Wuhletal-Wanderweg. Es entstand eine einzigartige Wiesen- und Flussauenlandschaft mit über 260 Farn- und Blütenpflanzen und mehr als 20 geschützten Tierarten. Die Wuhle entspringt nördlich von Ahrensfelde und fließt rund 16 Kilometer durch eine eiszeitliche Schmelzrinne, um dann in Köpenick in die Spree zu münden. Am Fuße der Ahrensfelder Berge führt der Weg weiter nach Süden bis hin zum Kienberg mit der Seilbahn. 2017 wurde hier die Internationale Gartenschau in Kooperation mit den Gärten der Welt, deren Flächen in die IGA integriert wurden, durchgeführt. An dieser Stelle befinden sich auch die Wuhleauen mit einer ausgedehnten Röhrichtlandschaft, die vielen Vogelarten ein Zuhause bietet.
Etwas später ist der S- und U-Bahnhof Wuhletal erreicht, von dem aus schon die Biesdorfer Höhe zu sehen ist, an der der Wanderweg entlangführt und schließlich die Schmetterlingswiesen erreicht. Hier wurden die Überreste einer Pfahlsiedlung ausgegraben, die hier vor über 10000 Jahren errichtet worden war. Nach einiger Zeit ist der Wuhlesee erreicht, der zwar künstlich angelegt wurde, sich jedoch inzwischen zu einem Naturparadies für seltene Tier- und Pflanzenarten entwickelt hat. Der Weg führt schließlich bis zum Bahndamm in Köpenick und hier links in die Straße Am Bahndamm einbiegend kann der S-Bahnhof Köpenick erreicht werden. Dem Wanderweg folgend geht es jedoch am Stadion an der Alten Försterei, dem Spielort des Fußballvereins 1. FC Union Berlin, vorbei bis zur Mündung der Wuhle in die Spree. Über die Linden- und Bahnhofstraße wird wiederum der S-Bahnhof Köpenick erreicht. Auf dem Weg dorthin finden sich zahlreiche Einkehrmöglichkeiten, um sich von der rund 15,5 Kilometer langen Wanderung zu erholen.

Nicht nur bei Schnee lohnt sich ein Winter-Spaziergang durchs Wuhletal.

HAVELHÖHENWEG

Der ca. zehn Kilometer lange Havelhöhenweg führt entlang des Steilufers der Havel mit wunderschönen Ausblicken in die winterliche Wald- und Wasserlandschaft. Der Weg beginnt im Norden an der Heerstraße, genauer an der Stößenseebrücke. Diese ist vom S-Bahnhof Pichelsberg über die Tharauer Allee, Angerburger Allee, Glockenturmstraße und Heerstraße schnell zu erreichen. Architekturinteressierte können hier einen Abstecher in die Straße Am Rupenhorn unternehmen. In dieser Straße befinden sich verschiedene Baudenkmäler berühmter Architekten wie Bruno Paul, Alfons Anker, Hans und Wassili Luckhardt und Erich Mendelsohn. Von der Stößenseebrücke aus geht es zur Havelchaussee. Der ausgeschilderte Weg führt zunächst entlang der Chaussee vorbei an verschiedenen Bootshäusern im Stößensee, der eine Ausbuchtung der Havel ist. Auf der anderen Seite des Wassers liegt die Halbinsel Pichelswerder, die von der Havel durchflossen wird. Südlich von Pichelswerder weitet sich die Havel auf durchschnittlich 600 Meter Breite aus. Der Wanderweg führt nun, vorbei am Restaurantschiff Alte Liebe, wassernah bis zur Halbinsel Schildhorn. Wer Lust hat, kann hier

einen Abzweig zum 1845 von August Stüler gestalteten Schildhorndenkmal nehmen. Der Sage nach soll sich der Wendenfürst Jaczo an dieser Stelle zum Christentum bekannt und sein Schild an einen Baum gehängt haben. Entlang der Havel gibt es immer wieder schöne Blicke über den Fluss nach Gatow auf der anderen Uferseite. Beidseits des Weges sind alte knorrige Eichen und Kiefern zu bewundern. Ein Abstecher auf den Karlsberg mit dem Grunewaldturm, 1898 nach Plänen von Franz Schwechten als Kaiser-Wilhelm-Turm fertiggestellt, lohnt sich wegen der Aussicht, die sich vom Turm in die weite Winterlandschaft bietet. Hier befindet sich auch eine Gastwirtschaft. Der Weg führt weiter zur Lieper Bucht und überquert hier die Havelchaussee, um dann oberhalb der Straße zu verlaufen. Unterhalb des Weges liegt die Insel Lindwerder, auf der sich neben einem Segelclub auch eine Gaststätte befindet, die über eine Fähre zu erreichen ist. Durch die Geländeformationen der Eiszeit kommt es immer wieder zu steilen Hangsituationen, in denen die Abflussrinnen des Schmelzwassers auch heute noch gut zu erkennen sind. Im Verlauf des Weges geht der Blick über die Havel immer wieder zum Gatower Forst und der Siedlung Kladow auf der anderen Uferseite, besonders vom »Großen Fenster« aus – so benannt wegen der schönen Aussicht. Unterhalb des Weges liegt die Insel Schwanenwerder, die schon zu Beginn des 20. Jahrhunderts zu den vornehmsten Villenkolonien rund um Berlin gehörte. Sie ist einen eigenen Winterspaziergang wert. Nach der Überquerung des Wannseebadweges steigt der Weg wieder an und bietet herrliche Aussichten über das Wasser in die weite Wasserlandschaft, bis hin zu den Inseln Imchen, Kälberwerder und zur Pfaueninsel. Vorbei am Aussichtsrestaurant Wannseeterrassen geht es zum Strandbad Wannsee. Seit 1907 befindet sich hier eine Badestelle, die in den 1920er Jahren durch Martin Wagner und Richard Ermisch erweitert wurde. Das Eingangsgebäude von 1928 hat Franz Fedler entworfen. Hier endet der Havelhöhenweg. Zum S-Bahnhof Nikolassee führt der kürzeste Weg entlang des Wannseebadweges und dem rechts neben der Kreuzung Kronprinzessinnenweg/Spanische Allee abgehenden Fußweg, dem Rosemeyerweg. Dabei wird kurz vor dem Bahnhof die Selbstbedienungsgaststätte Spinnerbrücke passiert, die ein bekannter Treffpunkt von Motorradfahrenden ist, die von manchen scherzhaft als Spinner bezeichnet werden.

Immer wieder bietet der Havelhöhenweg fantastische Blicke auf den Fluss.

DURCH DEN TIERGARTEN – VOM POTSDAMER PLATZ ZUM HANSAVIERTEL

Der 210 Hektar große Tiergarten bietet zahllose Möglichkeiten, mitten in der Stadt der Hektik zu entfliehen und ausgedehnte schöne Winterspaziergänge zu unternehmen. Hier ein Vorschlag für einen Spaziergang vom Potsdamer Platz zum Hansaviertel.

Über die Bellevuestraße, vorbei an den historischen Resten des ehemaligen Luxushotels Esplanade, die in die Neubauten integriert wurden, liegt auf der linken Seite in Höhe der Hausnummer 3/5 ein kleiner Hügel. Hier ist im Fußwegbereich eine Gedenktafel eingelassen. An dieser Stelle befand sich von 1935 bis 1945 die Zufahrt zum »Volksgerichtshof«, einem von Hitler initiierten nationalsozialistischen Sondergericht zur Bekämpfung der politischen Opposition und des Widerstands. Die Urteile dieses nationalsozialistischen Terrorinstruments zur Durchsetzung der Willkürherrschaft wurden 1998 als Unrechtsurteile aufgehoben. An der nächsten großen Kreuzung, die Straße überquerend, geht es in der Tiergartenstraße am Musikinstrumentenmuseum entlang zum auf der linken Seite gelegenen Freiluft-Gedenkort T4. In

der Tiergartenstraße 4 befand sich die nationalsozialistische »Zentraldienststelle T4«, in der die Morde an in Krankenhäusern behandelten Menschen, Pflegebedürftigen und sozial Ausgegrenzten geplant wurden. Auf der anderen Seite der Tiergartenstraße verläuft der Weg im Park parallel zur Straße. Gegenüber der Einmündung der Stauffenbergstraße zweigt rechts der Große Weg ab. Die erste Abzweigung rechts, der Ahornweg, führt auf die malerische Luiseninsel. Diese gartendenkmalpflegerisch wiederhergestellte künstliche Insel ist benannt nach dem 1880 hier von Erdmann Encke aufgestellten Denkmal für Königin Luise. Nach dem Verlassen der Insel geradeaus biegt der Weg am ersten Abzweig nach links ein und wendet sich hinter der Grabenüberquerung nach rechts zur Bellevueallee. Sie verbindet, diagonal durch den Tiergarten verlaufend, den Kemperplatz mit dem Schloss Bellevue. Der Tiergarten wurde bereits im 16. Jahrhundert als umzäuntes Jagdrevier der Kurfürsten genutzt. König Friedrich II. ließ ihn für die Bevölkerung öffnen und in einen öffentlichen Park umgestalten. Links einbiegend wird bald die Straße des 17. Juni erreicht, die Ende des 17. Jahrhunderts als Verbindungsweg von Berlin zum heutigen Schloss Charlottenburg angelegt wurde. Von hier ist auch schon das Schloss Bellevue zu sehen. Es wurde 1785 für Prinz Ferdinand von Preußen nach Plänen von Michael Philipp Boumann errichtet und hat eine wechselvolle Geschichte mit zahlreichen Umgestaltungen hinter sich. Seit 1994 ist es der erste Amtssitz des Bundespräsidenten. Besonders stimmungsvoll ist der Anblick des Schlosses, wenn ein mit Lichtern versehener Weihnachtsbaum vor dem illuminierten Bau steht.

Nach links führt der Weg entlang des Bundespräsidialamtes zur Siegessäule, die 1873 nach Plänen von Johann Heinrich Strack mit der krönenden Viktoria von Friedrich Drake gebaut wurde. Ursprünglich stand sie vor dem Reichstagsgebäude. Nach Plänen von Albert Speer wurde sie zusammen mit den sie umgebenden Denkmälern zwischen 1938 und 1941 hierher umgesetzt und dabei um eine Trommel erhöht. Rechts in den Großen Stern einbiegend, wird auf der rechten Seite das zweite, etwas zurückliegende Denkmal für Otto von Bismarck erreicht, welches der Künstler Reinhold Begas bis 1901 schuf. Hinter dem Denkmal führt der Weg nach links und beim zweiten Abzweig nach rechts. An der nächsten Wegkreuzung geht es rechts zum Englischen Teehaus.

Hier gibt es nicht nur Tee, um sich aufzuwärmen. Von hier aus besteht die Möglichkeit, links am Teehaus vorbei und am zweiten Abzweig schräg links abbiegend zur Bartningallee zu gelangen. Rechts wird der S-Bahnhof Bellevue erreicht. Hinter der Bahn befindet sich im Haus Nummer 29 direkt an der Spree eine der ältesten erhaltenen Konditoreien Berlins, die »Baumkuchenfabrikation-Konditorei« mit Café Buchwald. Natürlich besteht aber auch die Möglichkeit, vom Teehaus aus in einem Bogen um den nahen See herum zur Altonaer Straße zu laufen und dabei die Architektur des im Rahmen der Internationalen Bauausstellung Interbau 1957 entstandenen Hansaviertels mit den Bauten zahlreicher international bekannter Architekten der Nachkriegszeit zu bewundern. Hier ist an der Kreuzung auch der U-Bahnhof Hansaplatz erreicht.

Mitten in der Stadt zeigt sich der Tiergarten im winterlichen Kleid von seiner zauberhaften Seite.

LAUFEN

Laufevents gibt es das ganze Jahr, wenngleich im Winter in weitaus geringerer Zahl. Und doch bieten diese Laufveranstaltungen gerade in der winterlichen Zeit einen besonderen Reiz mit einer sehr eigenen Atmosphäre und bei den anlassbezogenen Läufen auch einen beträchtlichen Spaßfaktor.

MÜGGELSEE-HALBMARATHON

Der Lauf rund um den größten Berliner See findet im Oktober statt. Die 21,0975 Kilometer lange Strecke führt im Uhrzeigersinn um den See und das am Weg liegende Siedlungsgebiet. Vom Müggelheimer Damm aus geht es zum Spreetunnel (erster Eisenbeton-Tunnel sowie Drehort des Films »Kuhle Wampe«) und durch diesen unter der Spree nach Friedrichshagen, Rahnsdorf, Wilhelmshagen bis nach Hessenwinkel. Ab hier folgt die Strecke dem Europaradweg R1 an Schönhorst vorbei zum Kleinen Müggelsee. Nach einem kurzen Abstecher nach Müggelhort geht es entlang des Ufers des Großen Müggelsees zum Ausgangspunkt zurück. Diejenigen, denen die Halbmarathonstrecke zu lang ist, können am Südufer des Sees auch fünf oder zehn Kilometer laufen.

START UND ZIEL: HOTEL MÜGGELSEE • Müggelheimer Damm 145, 12559 Berlin, Tel.: 030-857 148 63, www.mueggelsee-halbmarathon.de

NEUJAHRSLAUF

Unter dem Motto »First day – first run – first fun« findet am ersten Tag des Kalenderjahres der Neujahrslauf statt. Um 12 Uhr erfolgt das Startsignal für den lockeren Lauf zwischen Brandenburger Tor und Berliner Dom. Hin und zurück ergibt das eine Strecke von rund vier Kilometern, die von vielen kostümiert absolviert wird. Bei diesem Lauf wird auf ein Startgeld verzichtet, stattdessen wird für wohltätige Zwecke gesammelt.

START UND ZIEL: BRANDENBURGER TOR • Pariser Platz, 10117 Berlin, Tel.: 030-301 288 10, www.berliner-neujahrslauf.de

Wer das Jahr sportlich beenden möchte, tut dies am besten beim Silvester- oder Pfannkuchenlauf.

NIKOLAUSLAUF

Der Nikolauslauf findet entlang des Schlachtensees im Südwesten Berlins statt. Die 5303 Meter lange Strecke wurde und wird immer wieder auch von Prominenten als Trainingsstrecke genutzt. Max Schmeling, Eckhard Dagge, Graciano und Ralf Rocchigiani, Götz George, Eberhard Diepgen, Frank Zimmermann und viele mehr trainierten hier ihre Ausdauer. Die Veranstaltung versteht sich als ein Lauffest für die ganze Familie um den Nikolaustag herum. Es gibt Strecken für kleinere und größere Kinder, Achtel-, Viertel-, Drittel-, Halbmarathon sowie den Big-5-Marathon mit 26,8 Kilometer Länge sowie einen Halbmarathon-Staffellauf.

START: Gegenüber Elvirastraße 45, 14163 Berlin
ZIEL: Parkplatz Einfahrt Restaurant Alte Fischerhütte (»Wolfsschlucht«)
Tel.: 0172-310 70 45, www.dielaufpartner.com

SILVESTER- ODER PFANNKUCHENLAUF

Den Abschluss des Lauf-Kalenderjahres bildet der Silvesterlauf. Da alle im Ziel Einlaufenden einen Pfannkuchen erhalten, wird die Veranstaltung auch Pfannkuchenlauf genannt. Die unterschiedlich langen Strecken (2, 4, 6 und 10,6 Kilometer) haben verschiedene Routen; die längeren führen über den Teufelsberg mit seiner grandiosen Aussicht. An diesem Lauf nehmen stets viele Kostümierte teil. Die kreativsten Kostüme werden mit einem Sonderpreis ausgezeichnet.

START UND ZIEL: AM MOMMSENSTADION • Waldschulallee 34, 14055 Berlin, Tel.: 030-301 288 10, www.berliner-silvesterlauf.de

SPORTSCHECK RUN (NIGHT EDITION)

Mit Einbruch der Dunkelheit startet an einem Tag Ende Oktober auf dem Tempelhofer Feld zunächst der Bambini Lauf (400 Meter) für Kinder bis sieben Jahre. Es folgen der Kids Run (zwei Kilometer) für Sieben- bis Zwölfjährige, der Fünf-Kilometer-Run, der Zehn-Kilometer-Run und schließlich der 21,1-Kilometer-Run (Halbmarathon). Der Bambini Lauf und der Kids Run führen über das Vorfeld, die anderen Läufe über das frühere Flugfeld und die Start- und Landebahnen. Bei eindrucksvoller Beleuchtung geht es über die Ziellinie im Hangar 5.

FLUGHAFEN BERLIN TEMPELHOF • Tempelhofer Damm 23, 12101 Berlin, Tel.: 089-611 016 16, www.sportcheck.com/run

VALENTINSLAUF

Rund um den Valentinstag am 14. Februar herum wird alljährlich in den Gärten der Welt zum Valentinslauf eingeladen. Dieses Laufangebot wendet sich vor allem an Laufpaare. Sei es, dass sie sich gerade kennengelernt haben, verliebt oder verheiratet/verpartnert sind oder auch nur befreundet. Aber auch einzelne Personen können teilnehmen. Folgende Strecken werden absolviert: Erste Liebe (drei Kilometer), Kleine Liebe (fünf Kilometer) und Große Liebe (zehn Kilometer). Auch Walker, Nordic-Walker, Babyjogger und Kinderwagen sind willkommen.

GÄRTEN DER WELT • Blumberger Damm 44, 12685 Berlin, www.valentinslauf.de

Für jede Liebe ist beim Valentinslauf das passende Angebot dabei.

EISBADEN

Eisbaden oder auch Winterbaden erfreut sich immer größerer Beliebtheit. Inzwischen gibt es einige Angebote hierzu auch in Berlin für jene Hartgesottenen, die sich trauen, bei eisigen Temperaturen in eiskaltes Wasser zu steigen. Wichtig ist, dass auf jeden Fall die angegebenen Sicherheitshinweise beachtet werden.

FREIBAD ORANKESEE

Der Verein Berliner Seehunde pflegt seit mehr als 30 Jahren die Tradition des Winterbadens im Freibad Orankesee. Badezeiten sind von September bis April immer sonntags um 10 Uhr. Zudem wird am 1. Weihnachts- und am Neujahrstag gebadet. Am zweiten Sonnabend im Januar findet seit mehr als 25 Jahren jeweils um 14 Uhr das Winterschwimmen in Form des kostümierten Eisfasching statt, an dem auch Vereine aus ganz Deutschland und dem Ausland teilnehmen.

FREIBAD ORANKESEE • Gertrudstraße 7, 13053 Berlin,
Tel.: 030-917 722 58, www.berliner-seehunde-orankesee.de

DIE ICE DIPPERS

Die Ice Dippers sind eine Gruppe von Menschen, die durch das Eisbaden über sich hinauswachsen, ihre Grenzen austesten und sich persönlich weiterentwickeln möchte. In der Natur wird die Komfortzone verlassen und durch die Kombination von Atemübung, Kälte und Meditation ein Wohlbefinden hervorgerufen. Nach den Atemübungen geht es mit einem Schrei gemeinsam ins Wasser. Wie lange sie dort bleiben, bestimmen die Teilnehmenden selbst. Solange noch eine Person im Wasser ist, herrscht Stille. Nach dem Eisbad können gemeinsam warme Getränke getrunken und es kann geplaudert werden. Bei jedem Treffen werden Spenden für Obdachlose gesammelt. Vernetzt ist die Gruppe über Facebook und Telegram. Ab Oktober/November gibt es an jedem Sonnabend Treffen an verschiedenen Orten.

PLÖTZENSEE (OSTSEITE): Hans-Schomburgk-Promenade, 13351 Berlin

ALT-STRALAU: Regattaufer, Tunnelstraße 30, 10245 Berlin

SCHLACHTENSEE: Zugang zum Ufer durch den Paul-Ernst-Park links neben Am Schlachtensee 60, 14129 Berlin

WEISSENSEE: Parkstraße 33 a, 13086 Berlin

www.icedippers.com

SEEBAD FRIEDRICHSHAGEN

Immer am dritten Sonntag im Jahr findet das inzwischen traditionell gewordene Eisbaden am Eisstrand im Seebad Friedrichshagen statt. Bevor es gegen 12 Uhr ins kalte Wasser des Müggelsees geht, wird ab 11 Uhr ein Workshop zum Thema Atmen beim Eisbaden angeboten. Zum Event gehören eine mobile Sauna sowie warme Getränke, Grillen und Suppe.

EISSTRAND IM SEEBAD FRIEDRICHSHAGEN • Müggelseedamm 216, 12587 Berlin, Tel.: 030-645 57 56, www.eisbahn-berlin.de/www.seebad-friedrichshagen.de

◂ Das Eisbaden hat nicht nur im Freibad Orankesee Tradition.

SKILAUFEN

Auch wenn Berlin nicht gerade als Wintersportort bekannt ist, werden doch bei einer entsprechenden Witterung mit Schneedecke rasch die Wintersportgeräte aus den Kellern geholt. Denn die seltenen Gelegenheiten an denen es in der heimischen Stadt möglich ist, mit Ski, Snowboard oder Schlitten unterwegs zu sein, müssen genutzt werden. Zwar fehlt es an Skiliften, doch sind die geeigneten Orte oft gut besucht. Verschiedene Möglichkeiten der wintersportlichen Betätigung sind nachfolgend vorgestellt.

Kaum zu glauben, aber wahr: Sobald der erste Schnee fällt, wird das Tempelhofer Feld zur Langlaufstrecke.

Ski-Langlauf

TEMPELHOFER FELD

Das Gelände des früheren Flughafens Tempelhof bietet auch im Winter verschiedene Möglichkeiten für sportliche Aktivitäten. Bei ausreichend Schnee ist das weitläufige flache Gelände hervorragend geeignet, um dort mit Langlaufskiern Runden zu drehen – und das mitten in der Stadt und bei guter Sicht mit Panoramablick zum Fernsehturm.

TEMPELHOFER FELD • Tempelhofer Damm, 12101 Berlin-Tempelhof

EINGÄNGE:

im Westen: Haupteingang Tempelhofer Damm/S- und U-Bahnhof Tempelhof
Nebeneingang Paradestraße/U-Bahnhof Paradestraße

im Norden: Haupteingang Columbiadamm/Lilienthalstraße
Nebeneingang Columbiadamm/Golßenerstraße

im Osten: Haupteingang Oderstraße/Herrfurthstraße
(und fünf weitere Eingänge an der Oderstraße)

Tel.: 030-700 906 700, www.tempelhoferfeld.de/service-infos/besuch-planen

DURCHS WUHLETAL

Das Wuhletal im Nordosten Berlins ist eigentlich der Überrest einer eiszeitlichen Schmelzwasserrinne. Mit seiner bezaubernden Natur bietet es an einem kalten Wintertag gute Bedingungen für den Langlauf. Die Strecken sind breit und lang und auch der Blick auf das gefrorene Wasser der Wuhle hält romantische Szenerien bereit.

ENTLANG DER HAVEL

Eine weitere schöne Langlauf-Strecke ist das westliche Havelufer von Wilhelmstadt über Gatow bis nach Kladow. Die Wanderwege verwandeln sich bei Schnee in gut geeignete Langlauf-Strecken.

Ski-Abfahrtslauf

Das Ski-Weltcuprennen der Herren im Parallelslalom, das 1986 am Teufelsberg stattfand ist heute in Vergessenheit geraten und die Stadt nicht gerade für herausragende Ski-Veranstaltungen bekannt. Dennoch bieten sich in Berlin einige Möglichkeiten, dem Sport in schneereichen Wintern zu frönen.

MÜGGELBERGE

Die Müggelberge gelten als Geheimtipp unter den Ski- und Snowboardfahrenden. Zwar muss erst der Aufstieg auf den 115 Meter hohen Großen Müggelberg bewältigt werden (einen Skilift gibt es noch nicht), aber dann kommt die Belohnung durch die Abfahrt.

MÜGGELBERGE • Berlin-Köpenick

LÜBARSER HÖHE

Zwischen 1975 und 1993 wurde auf einem ehemaligen Müllberg ein fast 40 Hektar großer Freizeitpark angelegt. Dabei entstand ein von der Lübarser Höhe aus 85,3 Metern Höhe hinabführender Hang, der, ursprünglich mit einer Flutlichtanlage versehen, für Skiabfahrten genutzt werden kann. Das weitläufige Gelände wird auch zum Rodeln genutzt.

FREIZEIT- UND ERHOLUNGSPARK LÜBARS
Hauptzugang: Quickborner Straße/Alte Fasanerie, 13469 Berlin-Lübars
www.reinickendorf-berlin.de/freizeit-und-erholungspark-luebars

TEUFELSBERG

Auf der aus Kriegstrümmerschutt aufgeschütteten Anhöhe, die am höchsten Punkt 120 Meter misst, lässt sich gut Skifahren und Snowboarden. Kaum zu glauben, aber in den 1960er Jahren gab es hier einen Skilift. Lift und Skifahrende störten allerdings die Geheimdienste in der Abhörstation auf dem Berg und so wurde der Lift 1972 wieder abgebaut.

TEUFELSBERG • Teufelsseechaussee, 14193 Berlin-Grunewald

Die Lübarser Höhe eignet sich wunderbar zum Ski- und Snowboard fahren.

RODELN

Rodelmöglichkeiten gibt es an den zahlreichen natürlichen und künstlichen Anhöhen viele in Berlin. Auch die bereits genannten Orte zum Skifahren eignen sich zum Rodeln und werden hier nicht noch einmal erwähnt. Nachfolgend eine Auswahl weiterer Berlin-Plätze, an denen Schlittenfahren richtig Spaß macht.

VIKTORIAPARK KREUZBERG

Die sanften Hänge des natürlichen Kreuzberges im Viktoriapark sind eher für das gemütlichere Rodeln geeignet und deshalb gerade bei Familien sehr beliebt. Zum Aufwärmen und Stärken gibt es direkt an der Kreuzbergstraße Möglichkeiten.

VIKTORIAPARK • Kreuzbergstraße 15, 10965 Berlin-Kreuzberg

Mitten in der Stadt geht es mit dem Schlitten den Kreuzberg im Viktoriapark hinunter.

Fast noch ein Geheimtipp ist der etwas abgelegene Volkspark Prenzlauer Berg mit mehreren recht steilen Rodelstrecken.

VOLKSPARK PRENZLAUER BERG

Die breite Wiese am Hang der aus Trümmerschutt aufgeschütteten Anhöhe im Park wird gern von Familien zum Rodeln genutzt.

VOLKSPARK PRENZLAUER BERG • Eingang über Schneeglöckchenstraße, 10407 Berlin-Prenzlauer Berg

VOLKSPARK FRIEDRICHSHAIN

Den durch Trümmerschutt auf ehemaligen Bunkern entstandenen Anhöhen wurde am Kleinen Bunkerberg eine Rodelbahn angefügt, die sich bei Schnee großer Beliebtheit erfreut. Am Anfang recht steil, läuft sie später sacht aus.

VOLKSPARK FRIEDRICHSHAIN • Am Friedrichshain, 10249 Berlin-Friedrichshain

VOLKSPARK HUMBOLDTHAIN

In den Volkspark wurden im Zweiten Weltkrieg ein Hochbunker und ein Leitturm gebaut, die nach dem Krieg mit Trümmern zugeschüttet wurden. So entstand zur Gustav-Meyer-Allee hin ein Abhang, der heute als Rodelbahn genutzt wird.

VOLKSPARK HUMBOLDTHAIN • Gustav-Meyer-Allee, 13357 Berlin-Gesundbrunnen

DER INSULANER

Der Trümmerberg Insulaner bietet eine rund 220 Meter lange Rodelpiste, auf der auch ordentlich Geschwindigkeit aufgenommen werden kann. Deshalb ist die Bahn sehr beliebt und oft recht voll.

DER INSULANER • Prellerweg, 12157 Berlin-Schöneberg

VOLKSPARK REHBERGE

Der Start der Rodelbahn befindet sich am Rathenau-Brunnen. Diese Rodelstrecke ist etwas für Geübte, die die 300 Meter lange Strecke mit einem Höhenunterschied von 20 Metern rasant herunterfahren wollen. Weil es vielen zu schnell geht, ist die Bahn meist nicht überfüllt und bietet genug Platz.

VOLKSPARK REHBERGE • Dohnagestell, 13351 Berlin-Wedding

▶ Im Park am Insulaner tummeln sich alle, die gerne Schlitten fahren.

EISLAUFEN

Um sich auf dem Eis bewegen zu können, wurden früher Knochen unter die Schuhe gebunden, bis sich die eisernen Kufen durchsetzten. Um unabhängig von den nur langsam gefrierenden natürlichen Gewässern zu werden, wurden auch Eisbahnen durch das Wässern von Tennisplätzen künstlich erzeugt. Heute stehen in der Wintersaison den Laufwilligen verschiedene Eislaufmöglichkeiten in der Stadt – fast unabhängig vom Wetter – zur Verfügung.

Gesamte Wintersaison

EISSCHNELLLAUFHALLE SPORTFORUM

Bei ihrer Eröffnung lief man hier noch unter freiem Himmel. Die Bahn wurde 1986 dann überdacht und bietet heute als Halle eine 400 Meter lange Standardbahn, eine 262 Meter lange Kleinbahn und ein 30 × 60 Meter großes Eishockeyfeld. Die Halle ist regelmäßig Austragungsort von verschiedenen Weltmeisterschaften und des Weltcups im Eisschnelllauf. Das Eishockeyfeld ist in den Wintermonaten für die Öffentlichkeit zum Schlittschuhlaufen, Eistanz und für die Eisdisco zugänglich.

EISSCHNELLLAUFHALLE SPORTFORUM • Konrad-Wolf-Straße 39, 13055 Berlin-Alt-Hohenschönhausen, Tel.: 030-588 414 55, www.form-dienstleistungen.de/oeffentliches-eislaufen.html

EISSPORTHALLE CHARLOTTENBURG

Die 2012 auf dem ehemaligen Parkplatz P09 eröffnete Halle bietet zwei Eisflächen mit einer Größe von jeweils 30 × 60 Metern. Der öffentliche Eislauf findet auf der überdachten Fläche statt, die an drei Seiten offen ist.

EISSPORTHALLE CHARLOTTENBURG • Glockenturmstraße 14, 14053 Berlin-Westend, Tel.: 030-315 114 924, www.berlin.de

Eislaufen im Horst-Dohm-Eisstadion macht nicht nur bei strahlendem Sonnenschein großen Spaß.

EISSTADION NEUKÖLLN

Das 1956 eröffnete und zwischenzeitlich sanierte Eisstadion befindet sich auf dem Gelände des Werner-Seelenbinder-Sportparks. Hier stehen eine Bahn mit den Standardmaßen 30 × 60 Meter und eine Publikumsbahn mit den Maßen 65 × 39 Meter zur Verfügung.

EISSTADION NEUKÖLLN • **Oderstraße 182, 12051 Berlin-Neukölln, Tel.: 030-628 044 03, www.berlin.de**

HORST-DOHM-EISSTADION

1974 wurde das Eisstadion mit einer 6170 Quadratmeter großen Eisfläche eröffnet. Dazu gehört eine 400 Meter lange Eisschnelllaufbahn. In deren Innenfeld befindet sich eine weitere Eiskunstlauffläche. Zudem gibt es einen Imbiss in der Anlage.

HORST-DOHM-EISSTADION • Fritz-Wildung-Straße 9, 14199 Berlin-Schmargendorf, www.icedout.berlin

EISBAHN LANKWITZ

In Lankwitz stehen seit Mitte der 1970er Jahre 1800 Quadratmeter Eisfläche zur Verfügung. Die Eisbahn ist für ihre Familienfreundlichkeit, inklusive Kindergeburtstagsveranstaltungen, bekannt. Für die gastronomische Versorgung sorgen das Eis-Casino und ein Imbiss, bei Veranstaltungen können der Ice Dom samt Bar sowie die Feuerhütte mit offenem Feuer gemietet werden.

EISBAHN LANKWITZ • Leonorenstraße 37, 12247 Berlin-Lankwitz, Tel.: 030-773 289 05, www.eisbahn-lankwitz.de

EISSTRAND AM MÜGGELSEE IM SEEBAD FRIEDRICHSHAGEN

In der dunklen Jahreszeit wird aus dem Seebad Friedrichshagen der Eisstrand am Müggelsee. Eine Echteisbahn auf festem Boden mit insgesamt 600 Quadratmetern Fläche steht für das Eislaufen zur Verfügung. Mit Einbruch der Dunkelheit sorgt romantische Beleuchtung der Eisfläche bis hin zum Sprungturm im See für eine winterschöne Atmosphäre. Warme Getränke und Speisen stehen ebenso zur Verfügung wie der besondere Glühbo – ein Glühwein mit Bockbierwürze.

EISSTRAND AM MÜGGELSEE IM SEEBAD FRIEDRICHSHAGEN • Müggelseedamm 216, 12587 Berlin-Friedrichshagen, Tel.: 030-645 57 56, www.eisbahn-berlin.de

RÜBEZAHL AM MÜGGELSEE

Die Eisbahn neben der traditionsreichen Gaststätte direkt am Müggelsee, die 1900 wegen des bärtigen Besitzers offiziell nach dem Berggeist benannt wurde, hat eine Fläche von 300 Quadratmetern. Da die Eis-

bahn überdacht und rundum verglast ist, ist hier ein wetterunabhängiges Schlittschuhvergnügen möglich. Die nebenan liegende Gaststätte bietet sich zum Aufwärmen und Kräftesammeln an.

RÜBEZAHL AM MÜGGELSEE • Müggelheimer Damm 143, 12559 Berlin-Köpenick, Tel.: 030-656 616 880, www.ruebezahl-berlin.de

EISBAHN DER WINTERWELT GRÜNAU

Als Teil der Winterwelt im Strandbad Grünau bietet die 1000 Quadratmeter große Eisfläche neben den gemütlichen Winterhütten auch die Möglichkeit, auf Kufen einige Runden zu drehen. Zum Aufwärmen und Aufladen der Kräfte gibt es ein attraktives Getränke- und Speisenangebot. Besonders beliebt sind die Schlittschuh-Disco und verschiedene Themenabende mit DJ.

STRANDBAD GRÜNAU • Sportpromenade 9, 12527 Berlin-Grünau, Tel.: 030-984 094 32, www.strandbadgruenau.de

Stimmungsvolles Eislaufen im winterlich geschmückten Seebad Friedrichshagen

Temporäre Eislaufanlagen in der Advents- und Weihnachtszeit

EISBAHN NEPTUNBRUNNEN

Die Fläche um den Neptunbrunnen verwandelt sich zur Zeit des Weihnachtsmarktes am Roten Rathaus in eine 600 Quadratmeter große Eisbahn. Der Meeresgott kann hier auf Kufen bei weihnachtlicher Musik umfahren werden. Mit Einbruch der Dunkelheit wird die Bahn, wie auch Neptun, durch farbige Lichter festlich beleuchtet. Im wahrsten Sinne des Wortes können hier Runden gedreht werden. Auch der gemütliche Weihnachtsmarkt lädt zu einem erlebnisreichen Besuch ein.

EISBAHN AM NEPTUNBRUNNEN • Karl-Liebknecht-Straße, 10178 Berlin-Mitte, Tel.: 0163-481 48 39, www.berlinerweihnachtszeit.de

EISBAHN ZEHLENDORFER WEIHNACHTSMARKT

Während des Zehlendorfer Weihnachtsmarktes wird eine 20 × 8 Meter große Eisbahn angelegt. Es handelt sich um eine Kunsteisbahn, die besonders energiesparend und umweltfreundlich ist.

EISBAHN AUF DEM ZEHLENDORFER WEIHNACHTSMARKT • Kirchstraße 1, 14163 Berlin-Zehlendorf, Tel.: 0151-241 178 50

YAAM ON ICE

Der Young African and Art Market direkt an der Spree wird in der Adventszeit zum YAAM on Ice und bietet als Reggae/Dancehall Event-Location im Rahmen der »eisig-tropischen Zauberwelt« eine 480 Quadratmeter große Eislauffläche. Eine besondere Attraktion ist die Ice Disco. Wer sich hier ausgepowert hat, kann anschließend den afro-karibischen Weihnachtsmarkt besuchen und wieder neue Kräfte sammeln.

YAAM ON ICE • An der Schillingbrücke 3, 10243 Berlin-Friedrichshain, Tel.: 0151-241 178 50, www.yaamonice.com

Die Eisbahn um den Neptunbrunnen ist ein unvergleichliches Berlin-Erlebnis.

EISBAHN AM POTSDAMER PLATZ

Eine der größten mobilen Eislaufbahnen Europas befindet sich am Potsdamer Platz, genauer gesagt am Marlene-Dietrich-Platz. 500 Quadratmeter Eisfläche stehen hier für den Spaß auf Kufen zur Verfügung.

EISBAHN AM POTSDAMER PLATZ • Marlene-Dietrich-Platz, 10785 Berlin-Tiergarten, Tel.: 030-259 392 99, www.bergmannevent.de

EISFLÄCHE AUF DEM ALEXANDERPLATZ

Mitten auf dem jährlich stattfindenden Weihnachtsmarkt am Alexanderplatz liegt die 40 × 20 Meter große Eisfläche. Zwischen dem Brunnen der Völkerverständigung und der Weltzeituhr können bei Dauerbeschallung durch Musik die Kufen geschwungen werden. Die Weihnachtsmarktbuden ringsum laden zum Kräftetanken und Verschnaufen ein.

EISLAUFFLÄCHE AUF DEM ALEXANDERPLATZ • Alexanderplatz, 10178 Berlin-Mitte, Tel.: 0163-481 48 39, www.berlinerweihnachtszeit.de

EISSTOCKSCHIESSEN

Das Eisstockschießen, eine Mischung aus Präzision, Strategie und vor allem Spaß, erfreut sich wachsender Beliebtheit und ist gerade in der Advents- und Weihnachtszeit ein gern ausgeübtes Vergnügen. Das gesellige Spiel bzw. der Sport lässt sich mit Freundschaften, Familie oder in anderen Gruppen in lockerer Runde wunderbar genießen. Je Bahn sollten es vier Personen sein. Die frische Luft, die Spannung und warme Getränke sorgen dafür, dass diese Veranstaltungen zu gelungenen Events werden. Die Bahnen sind in der Regel von Mitte/Ende November bis Januar/Februar in Betrieb.

ALTER KRUG DAHLEM

Im Biergarten des Alten Kruges in Dahlem, einer historischen Gastronomie, deren Anfänge bis zum Beginn des 19. Jahrhunderts zurückreichen, gibt es zwei Kunststoff-Eisbahnen zum Eisstockschießen. Zur physischen Erwärmung werden Glühwein und heiße Schokoladen gereicht. In legerer Hüttenstimmung oder im modern-ländlichen Restaurant werden leckere Speisen angeboten.

ALTER KRUG DAHLEM • Königin-Luise-Straße 52, 14195 Berlin-Dahlem,
Tel.: 030-832 70 00, www.alter-krug-berlin.de

BEACHMITTE

Eisstockschießen mit Lagerfeuer-Atmosphäre im Herzen der Stadt ist bei BeachMitte möglich. Ein besonderes Erlebnis stellt die gemütliche Winterlandschaft mit uriger Winterstrandhütte dar. In der Outdoor-Lounge mit Feuerschalen befindet sich die Eisstockschießanlage. Hier stehen insgesamt sechs Bahnen aus Kunststoff zur Verfügung. Darüber hinaus gibt es eine gastronomische Versorgung.

BEACHMITTE • Caroline-Michaelis-Straße 8, 10115 Berlin-Mitte,
Tel.: 030-555 778 920, www.beachmitte.de

Das Café am Neuen See ist einer der Berliner Orte, an denen man Eisstockschießen kann.

CAFÉ AM NEUEN SEE

Das Café am Neuen See bezeichnet sich selbst als ein urbanes Landhaus mitten in der Stadt mit romantischem Seeblick. Hier sind sechs Bahnen aus echtem Eis vorhanden. Alle Bahnen können bei jedem Wetter genutzt werden, da sie überdacht sind. Vor oder nach dem sportlichen Vergnügen kann der hauseigene Wintermarkt besucht werden.

CAFÉ AM NEUEN SEE • Lichtensteinallee 2, 10787 Berlin-Tiergarten, Tel.: 030-254 49 30, www.cafeamneuensee.de/eisstock

EISBAHN LANKWITZ

Die Eisbahn Lankwitz hat neben der großen Eislaufbahn auch zwei Bahnen zum Stockschießen. Zusätzlich kann der Ice Dom mit Bar und die Feuerhütte mit offenem Feuer mit Catering gemietet werden. Ansonsten steht ein Imbiss zur Verfügung.

EISBAHN LANKWITZ • Leonorenstraße 37, 12247 Berlin-Lankwitz, Tel.: 030-773 289 05, www.eisbahn-lankwitz.de

Atmosphärisches Eisstockschießen am
Eisstrand des Seebads Friedrichshagen

EISSTRAND AM MÜGGELSEE IM SEEBAD FRIEDRICHSHAGEN

Im Winter verwandelt sich das Seebad Friedrichshagen in einen 600 Quadratmeter großen Eisstrand direkt am Müggelsee. Diese Echteisbahn wird auch zum Eisstockschießen genutzt und ist dafür mit entsprechenden Markierungen im Eis versehen. In der Dunkelheit sorgt eine romantische Beleuchtung der Eisfläche bis hin zum Sprungturm im See für winterliche Stimmung. Warme Getränke und Speisen stehen ebenso zur Verfügung wie der besondere Glühbo – ein Glühwein mit Bockbierwürze.

EISSTRAND AM MÜGGELSEE IM SEEBAD FRIEDRICHSHAGEN • Müggelseedamm 216, 12587 Berlin-Friedrichshagen, Tel.: 030-645 57 56, www.eisbahn-berlin.de

PIRATES

Pirates bietet Eisstockschießen direkt an der Spree mit Panoramablick auf die Oberbaumbrücke. Vier Eisstockbahnen aus Kunststoff stehen auf der Terrasse des winterlichen »Beaches« zur Verfügung. Während des Spieles besteht die Möglichkeit, sich mit heißen und kalten Getränken versorgen zu lassen. Im Anschluss kann auch für weihnachtliche Gaumengenüsse eingekehrt werden.

PIRATES • Mühlenstraße 78–80, 10243 Berlin-Friedrichshain, Tel.: 030-970 024 14, www.piratesberlin.com

RÜBEZAHL AM MÜGGELSEE

Die Ende des 19. Jahrhunderts eröffnete Gaststätte wird schon seit dem Jahr 1900 nach dem bärtigen Besitzer und seiner Ähnlichkeit mit dem Berggeist Rübezahl genannt. Auf einer überdachten und rundum verglasten Eislauffläche werden zu bestimmten Zeiten durch Hütchen Bahnen zum Eisstockschießen hergerichtet. Ist es auf der Echteisfläche mit Blick auf den Müggelsee zu kalt geworden, besteht die Möglichkeit, sich mit warmen Getränken und Speisen der Bärenalm zu stärken.

RÜBEZAHL AM MÜGGELSEE • Müggelheimer Damm 143, 12559 Berlin-Köpenick, Tel.: 030-656 6168 80, www.ruebezahl-berlin.de

SPREEGOLD IM BIKINI BERLIN

Auf der Dachterrasse im Bikini Berlin stehen im Außenbereich des Spreegold Restaurants, direkt auf der Fläche der Rooftop Bar, vier Kunst-Bahnen zum Eisstockschießen zur Verfügung. Während des Spiels können warme Getränke oder Fingerfood bestellt werden. Es besteht auch die Möglichkeit, sich einen Tisch zu reservieren und im Anschluss das Ereignis mit einem weihnachtlichen Menü ausklingen zu lassen.

SPREEGOLD RESTAURANT • Budapester Straße 50, 10787 Berlin-Charlottenburg, www.spreegold.com/spreegold-stores/spreegold-bikini-berlin

WINTERJURTE 61

Im Park am Gleisdreieck, wo im Sommer Beachvolleyball gespielt wird, steht in den Wintermonaten eine original mongolische Jurte mit traditioneller Einrichtung und Kaminfeuer. Die Lage im Park garantiert ein Wintererlebnis der besonderen Art im Zentrum Berlins. Die Eisstockbahnen bestehen hier aus Kunststoffplatten, die als synthetisches Eis nahezu vollständig die Eigenschaften von echtem Eis haben. Es gibt warme und kalte Getränke sowie ein kleines Angebot an Speisen.

WINTERJURTE61 • im Gleisdreieckpark, Yorckstraße 38, 10965 Berlin-Kreuzberg, Tel.: 0177-232 24 61, www.winter-jurte61.de/eisstockschiessen

WINTERWELT IM STRANDBAD WENDENSCHLOSS

In der Wintersaison lädt das Strandbad Wendenschloss in seine magische Winterwelt ein. Neben anderen Angeboten wie dem Weihnachtsmarkt am Wasser, Glühweinfahrten mit einem Floß und Gänseessen kann hier auch dem Eisstockschießen auf einer »likeice-Kunststoffbahn« gefrönt werden. Als Besonderheit gibt es die Möglichkeit des »Lattlschießens«, einer Variante des Eisstockschießens, bei der an einer Latte befestigte bewegliche Zahlen getroffen werden müssen. Diese Variante erhöht noch einmal den Spaßfaktor.

STRANDBAD WENDENSCHLOSS • Möllhausenufer 30, 12557 Berlin-Köpenick, Tel.: 030-845 189 07, www.strandbad-wendenschloss.berlin

ZOLLHAUS PANKOW

Das historische Gebäude steht auf dem Gelände der ehemaligen Willner-Weißbierbrauerei. Das Zollhaus entstand Ende des 19. Jahrhunderts und beeindruckt durch einen Mix aus Historie und modernem Design. Drei Kunsteis-Bahnen stehen hier zum Eisstockschießen zur Verfügung. Nach getaner »Arbeit« lädt eine mediterrane Küche für eine Siegesfeier und zum Verweilen ein.

ZOLLHAUS PANKOW • Berliner Straße 80, 13189 Berlin-Pankow, www.zollhaus-pankow.com

Die Winterwelt im Strandbad Wendenschloss bietet ein ganzes Wohlfühlpaket für die kalte Jahreszeit.

EISSEGELN

Das Eissegeln ist in Berlin eine Disziplin, die – aufgrund der inzwischen hier herrschenden klimatischen Verhältnisse – nicht mehr allzu oft ausgeübt werden kann. Die Voraussetzung für das Eissegeln ist, dass wenigstens eine Woche lang durchgängig Temperaturen von mindestens minus fünf bis minus zehn Grad Celsius herrschen. Außerdem sollte es windstill sein, damit die Eisfläche möglichst glatt ist. Schneien sollte es auch nicht, da Schnee auf dem Eis bremsend wirkt. Wenn die Rahmenbedingungen stimmen, können die inzwischen immer schneller werdenden und nicht ganz preiswerten Schlitten aus Glasfaser und

Eissegeln auf dem Müggelsee ist ein ganz einmaliges Erlebnis.

Epoxidharz Geschwindigkeiten von bis zu 90 Stundenkilometer und in Spitzen sogar bis zu 120 Stundenkilometer erreichen. Bei günstigen Wetterbedingungen bietet sich beispielsweise in Berlin der Müggelsee für das Eissegeln an, auf dem dann auch Regatten gefahren werden.
Aus Sicht der Eissegelnden sind auf den möglichen Eissegelstrecken in Berlin jedoch fast immer zu viele »Ameisen« unterwegs, wie die Spazierenden auf dem Eis im Eisseglerjargon genannt werden. Deshalb zieht es die Aktiven fast immer ins Berliner Umland. Meistens müssen sie jedoch dorthinfahren, wo die entsprechenden Bedingungen mit hoher Wahrscheinlichkeit am ehesten gegeben sind: nach Schweden, Finnland, ins Baltikum oder nach Polen. In diesen Regionen finden auch die internationalen Regatten statt.

Weitere Infos: www.eissegeln.org

EISANGELN

Wenn es nach einer längeren Kälteperiode dazu kommt, dass die Seen in Berlin zugefroren sind, öffnet sich die Möglichkeit zu einem besonderen Angelerlebnis: dem Eisangeln. Der Vorteil des Eisangelns besteht darin, in tieferem Wasser angeln zu können, als dies mit der ausgeworfenen Angel vom Ufer aus möglich ist. Somit können hierbei Fische geangelt werden, die tieferes Wasser bevorzugen. Im kalten Wasser sind zudem die Raubfische aktiver als die Friedfische und beißen leichter an. Besondere Regelungen für das Eisangeln gibt es in Berlin nicht. Prinzipiell müssen jedoch die Vorschriften der Angelfischerei und die Berliner Eisflächenverordnung beachtet werden.
Ein besonderes Erlebnis ist das Eisangeln auf jeden Fall, denn diese unvergleichlichen naturnahen Momente in der Stadt Berlin gibt es nicht allzu oft.

Weitere Infos: www.berlin.de/fischereiamt

OUTDOOR-ESCAPE-GAMES

OUTDOOR-ESCAPE-GAMES

Nicht nur Escape Rooms, auch Outdoor-Escape-Games bieten jede Menge Rätsel- und Team-Spaß. Bei einer interaktiven Stadttour taucht man an der frischen Luft in spannende Geschichten ein. Digitale Rätsel und Schlösser müssen geknackt werden und es gilt, eine Mission in einer bestimmten Zeit erfolgreich zu absolvieren. Somit sind diese Outdoor-Veranstaltungen eine Mischung aus Escape-Game, Schnitzeljagd und Sightseeing, denn viele von ihnen finden mitten im Stadtzentrum statt. Kombinationsgabe und Teamleistungen sind gefragt.

BERLIN ESCAPES

Berlin Escapes bietet ein Spiel mit dem vielsagenden Namen »Magischer Glühwein« als feuchtfröhliches Weihnachts-Event mit Glühwein und witzigen Rätseln in Köpenick an. Weitere Angebote sind »Mordfall Wuhlheide«, »Das Stadträtsel Köpenick« und das »Agentenrätsel«. Tablet und Box mit Materialien werden zur Verfügung gestellt.

BERLIN ESCAPES • Tel.: 030-515 652 66, www.berlin-escapes.de

EPIC ESCAPE

Epic Escapes schickt die Spielenden auf eine spannende Tour durch das Herz von Berlin rund um den Alexanderplatz, bei der wichtige Sehenswürdigkeiten der Hauptstadt in das Spiel einbezogen werden. Zur Weihnachtszeit gibt es spezielle Angebote, bei denen Glühwein das Rätseln erleichtert. Der Titel der wichtigen Mission lautet dann ganz jahreszeitgemäß »Catch Cobra – Weihnachten ist in Gefahr!«. Nach erfolgreichem Spiel endet die Tour auf einem der Weihnachtsmärkte in der Nähe.

EPIC ESCAPE GAMES • Tel.: 0351-648 292 98, www.epicescape.de/berlin

Rätseln und Glühwein trinken im Herzen von Berlin bei den Escape-Games von Berlin Escapes

ESCAPE THE CITY

Quer durch die Innenstadt Berlins werden vier verschiedene Krimi-Touren angeboten, die gelöst werden müssen: ein Mordfall auf der Museumsinsel, eine Entführung rund ums Brandenburger Tor, ein Umweltkrimi im Tiergarten und die dunklen Machenschaften eines Geheimbundes in Charlottenburg. Die Touren können selbstständig mit dem eigenen Smartphone durchgeführt werden. Dazu wird nach der Buchung das Material zugesandt.

ESCAPE THE CITY • Tel.: 0152-236 367 57, www.escape-the-city.de/outdoor-escape-berlin

MEET THE WORLD

Das Spiel »GEO EPOCHE – Historische Tour Preußisches Berlin« führt durch 600 Jahre Berliner Geschichte. Zwei Routen laden zum Krimirätselraten durch Friedrichshain oder Schöneberg ein, eine Tour führt durch Mitte. Bei der GEOLINO Stadtrallye für Kinder warten eine lustige Wissensjagd und spaßige Aufgaben rund um das Brandenburger Tor, den Tiergarten und das Parlaments- und Regierungsviertel.

MEET THE WORLD • Tel.: 030-220 273 11, www.meet-the-world.de/aktivitaeten/berlin

MYCITYHUNT

Drei Xmas-Adventure-Touren, die jeweils vor Ort starten, führen durch das weihnachtliche Berlin in Mitte, Tiergarten und Köpenick. Schnitzeljagd, Schatzsuche, Escape Game und Krimispiel laden zum spannenden Mitmachen ein. So lässt sich die Adventszeit in der Hauptstadt einmal völlig anders erleben.

MYCITYHUNT • https://www.mycityhunt.de/weihnachtstour

MARANJA ADVENTURE CLUB

Der Maranja Adventure Club bietet drei Escape-Touren durch Berlins Mitte an, Startpunkt ist jeweils der Hackesche Markt. Die im Winter geeignetste Tour ist die Taschenlampen-Tour, die nach Einbruch der Dunkelheit beginnt und ein ganz besonderes Erlebnis ist. Innerhalb von zwei Stunden müssen mysteriöse Gegenstände gefunden und Rätsel gelöst werden. Die Lösungen sind weder im Internet zu finden oder an Tafeln abzulesen – Knobeln und Teamwork sind also gefragt. Am Treffpunkt werden Unterlagen und ein Tablet für die Lösungsfindung zur Verfügung gestellt.

MARANJA ADVENTURE CLUB • Start: Litfaßsäule nahe dem Hackeschen Markt, Litfaßplatz, 10178 Berlin-Mitte, Tel.: 0176-434 573 84, www.maranja.eu

OUTDOOR ESCAPE GAMES

Angeboten werden die Spiele: First Profiler – Berlin Files, Legend of the Key – Tiergarten Saga und Escape Game – East Berlin 1985. Die Touren starten am Potsdamer Platz oder am Brandenburger Tor. Nach Bezahlung wird ein Link für das Smartphone zugesandt und das Spiel kann nach Lust und Zeit gespielt werden.

OUTDOOR ESCAPE GAMES • www.outdoor-escape-games.com

Der Maranja Adventure Club hat liebevolle Rätseltouren mit Winter-Extras entwickelt.

TEAMESCAPE

Ausgestattet mit iPad und Einsatztasche starten die Spielenden in der Tauentzienstraße in Charlottenburg. Folgende Spiele können absolviert werden: »Der Kunstraub«, »Monster in the City« und die »Teamrallye«. Knifflige Rätsel und Fragen müssen quer durch die Stadt gelöst werden.

TEAMESCAPE • Tel.: 030-208 486 259, www.teamescape.com/berlin/stadtrallyes

ALLE TIPPS AUF EINEN BLICK

KULTUR

Museen

Ballett, Theater und Konzerte

Kinos

Filmfestivals

Ausstellungen

BILDNACHWEIS

akg-images: 55 (Elke Landgraff)

Archiv des Verlages: 47

Ausdauerfreunde e. V.: 148

Ballhaus Berlin: 59

Ballhaus Wedding, Fotografin: Saskia Uppenkamp: 60

BBB/Elke A. Jung-Wolff: 57

Berlin-Escapes: 177

BilderBuch, Foto: Brian Smith: 115 (unten)

Buchkantine: 115 (oben)

Clärchens Ballhaus: 62

Cliffhanger Boulderlounge Berlin/Foto: Christoph Wehrer: 69

Deutschlandmuseum Berlin-Mitte: 16

DeJa Vu Museum GmbH: 45

Dockx: 76, 87

freepik: Illustrationen

Finnfloat/Sami Bill: 103

House of Tales: 81

Illuseum: 46

JUMP House/Tom Menz: 73

Kickerworld: 90

Labsaal/ Stephan Moritz: 27

LaserTag.Berlin: 77

Maranja Anja und Marcus Herrmann GbR: 174/175, 179

MYJUMP: 74

picture alliance: 4 (REUTERS/HANNIBAL HANSCHKE), 10 (ZB/Soeren Stache), 12 (dpa-Zentralbild/Hans Wiedl), 13 (Sergi Reboredo), 15 (Paul Zinken), 17 (Bildagentur-online/Joko), 18 (dpa-Zentralbild/ZB/Thomas Uhlemann), 20 (ZB/Soeren Stache), 23 (Eventpress Hoensch), 26 (Christophe Gateau), 29 (Jochen Eckel), 32 (dpa-Zentralbild/Jens Kalaene), 33 (imageBROKER/

Joko), 36 (Bildagentur-online/Schoening), 41 (Christoph Soeder), 42 (Jörg Carstensen), 51 (ZB/Britta Pedersen), 52/53 (Paul Zinken), 56 (Rainer Jensen), 61 (Caro/Waechter), 64 (Caro/Eckelt), 79 (Lena Lachnit), 85 (Florian Schuh), 91 (Rolf Vennenbernd), 92 (Andreas Gora), 93 (contrastphoto/O.Behrendt), 94 (nordphoto/Engler), 95 (Dirk Pagels/SULUPRESS.DE), 99 (Christoph Soeder), 100 (Caro/Waechter), 107 (Paul Zinken), 111 (XAMAX), 119 (vizualeasy/Barbara Neveu), 123 (Thomas Bartilla/Geisler-Fotopres), 124 (Britta Pedersen), 126 (Jens Kalaene), 127 (Jens Kalaene), 129 (Jens Kalaene), 131 (Thomas Bartilla/Geisler-Fotopres), contrastphoto/O. Behrendt), 138 (Thomas Trutschel/photothek.de), 141 (Caro/Eckelt), 147 (Rainer Jensen), 150 (Paul Zinken), 152 (Ostalb Network/ Andreas Friedrichs), 154 (REUTERS/Fabrizio Bensch), 156 (Jochen Eckel), 157 (Schuh, Florian), 159 (Caro/Sorge), 161 (Paul Zinken), 165 (Marc Vorwerk/ SULUPRESS.DE), 167 (Schoening), 172 (Michael Hanschke)

Revazov, Yan (Video still): 66

Schulz, Maxim: 71

Seebad Friedrichshagen: 163 (Foto: Gabriele Maria Funk), 168 (Thomas Hildebrandt)

SinneWerk gGmbH: 117

Stadt und Land: 43

Strandbad Wendenschloss: 128, 171

stock.adobe.com: 2, 8/9, 22, 25, 28, 30, 35, 39, 96/97, 104/105, 109, 112, 120/121, 132/133, 136/137, 143, 145, 180/181, 182

Studio of Wonders: 49

The Room: 83

Wellenwerk: 89

Windobona Berlin GmbH: 88

ÜBER DEN AUTOR

Armin A. Woy wurde 1963 geboren und studierte Soziologie, Psychologie, Neuere Geschichte sowie Stadt- und Regionalplanung. Seit vielen Jahren führt er Seminare, Vorträge, Stadtführungen, Stadtrundfahrten sowie Exkursionen in Berlin und Brandenburg durch und ist zudem in der Betreuung von Delegationen sowie Staatsgästen von Bund und Land Berlin tätig. Als Lehrender wirkt er an Fachakademien, Bildungseinrichtungen und in der Erwachsenenbildung in den Bereichen Kultur/Geschichte/Politik, Architektur/Städtebau und Verkehrswesen. Er ist Autor von Publikationen zu Berlin und Brandenburg.

Für Manon Martina und Alea Zoe

MIX
Papier | Fördert gute Waldnutzung
FSC® C106600

Bibliografische Information der Deutschen Nationalbibliothek
Die Deutsche Nationalbibliothek verzeichnet diese Publikation in der Deutschen Nationalbibliografie; detaillierte bibliografische Daten sind im Internet über http://dnb.d-nb.de abrufbar.

Asternplatz 3, 12203 Berlin
post@bebraverlag.de
Lektorat: Marijke Leege-Topp, Berlin
Umschlag: Fernkopie, Berlin
Satz: typegerecht berlin
Schriften: Proforma, Sofia
Druck und Bindung: DZS Grafik, Ljubljana
ISBN 978-3-8148-0313-5

www.bebraverlag.de

AUSFLÜGE, DIE DAS HERZ WÄRMEN

Frank Goyke

Winterliches Brandenburg

Die schönsten Ziele für Spaziergänge und Wanderungen

224 Seiten,
270 farbige Abbildungen
ISBN 978-3-86124-757-9

Brandenburg ist auch im Winter wunderschön. Zugefrorene Seen und weiß glitzernde Wälder sind eine Wohltat für die Seele. Selbst wenn kein Schnee liegt, haben romantische Schlossparks, weite Landschaften und mittelalterliche Altstädte in der kalten Jahreszeit einen besonderen Charme.

Dieses Buch präsentiert die schönsten Ziele für winterliche Spaziergänge oder ausgedehnte Wanderungen, bei denen sich Natur und Kultur erleben lassen – vom Moorwanderweg im Spreewald bis zu den Glindower Alpen, von der Siedlung Alexandrowka bis nach Himmelpfort, dem Wohnsitz des Weihnachtsmanns.

BERLIN IM WINTER